해남 우수영
강강술래

해남 우수영 강강술래

초판 1쇄 발행 2019년 12월 7일

지은이 김혜정 · 조경숙
펴낸이 홍종화

편집 · 디자인 오경희 · 조정화 · 오성현 · 신나래
　　　　　　　김윤희 · 박선주 · 조윤주 · 최지혜
관리 박정대 · 최현수

펴낸곳 민속원
창업 홍기원
출판등록 제1990-000045호
주소 서울시 마포구 토정로 25길 41(대흥동 337-25)
전화 02) 804-3320, 805-3320, 806-3320(代)
팩스 02) 802-3346
이메일 minsok1@chollian.net, minsokwon@naver.com
홈페이지 www.minsokwon.com

ISBN 978-89-285-1378-9 93380

해남 우수영 강강술래

김혜정 · 조경숙

강강술래는 누구나 쉽게 함께 할 수 있는 놀이이다. 여기에 강강술래 전승의 힘이 있다. 이 책은 그런 점에 착안하여 해남 우수영 강강술래의 교육 방안을 마련하는데 목적을 두었다. 학교에서 학생들이 강강술래를 배울 때 더 재미있고 다양한 방법으로 배울 수 있도록, 또 일반인들이 강강술래를 배울 때에 쉽고 재미있게 적용할 수 있도록 방안을 제안하였다. 아무쪼록 이 책이 널리 활용되어 누구나 할 수 있는 강강술래, 누구에게나 재미있는 강강술래가 되기를 바란다.

민속원

머리말

　해남 우수영 강강술래는 전라남도 해남군 문내면 우수영에서 전승되는 공동체 놀이이자 민요이다. 강강술래는 국가무형문화재 제8호이자 2009년에 유네스코 인류무형문화유산으로 등재된 우리나라의 대표적인 전통문화 중 하나이다.

　강강술래는 정월 대보름 밤과 팔월 추석 밤에 주로 놀았다고 한다. 농경이 주업이던 사회에서 설날부터 정월 보름인 대보름까지는 마을의 축제기간이었고, 그 기간 동안 수많은 놀이와 의식을 치르며 즐겼다. 대보름은 '할 거리'와 '놀 거리'가 있고, '먹을 거리', '볼 거리'도 많은 그야말로 전형적인 축제의 공간이었다. 대보름 밤, 달 아래에서 달의 모양과 은은한 달빛을 흉내 낸 유감주술적 행위를 한 것이다.

　'동해동창 달떠온다'. 강강술래는 늘 이렇게 시작한다. 동쪽 하늘에 달이 떠오르는 것을 바라보며 강강술래가 시작되는 것이다. 달은 음양陰陽 가운데 음을 상징하고, 여성을 상징하며, 풍요를 상징한다. 둥근 달처럼 곡식이나 동물이나 사람이나 모두 알차게 여물어 풍요로운 생산을 이루기를 바라는 마음으로 강강술래를 도는 것이다.

　강강술래의 판은 공간과 시간이 모두 열려 있다. 강강술래를 하는 공간은 누구에게나 개방되어 있다. 그리고 몇 시부터 시작이라거나 몇 시까지 논다거나 하는 시간적 제약도 없다. 그 판에 먼저 온 사람과 나중에 온 사람이 구별되지 않으며, 누구나 언제든 끼어 들 수 있다. 강강술래의 공간과 시간은 모두 열려 있으며, 얼마든지 늘어날 수 있고 바뀔 수 있다.

　이처럼 열린 공간과 시간을 가능하게 하는 것은 강강술래의 노래와 놀이이다. 강강술래의 놀이와 춤, 그리고 노래는 누구나 같이 할 수 있을 만큼 쉽다. 여기에 강강술래 전승의 힘이 있다.

이러한 강강술래의 힘은 현 시대에 적용 가능한 확산성을 갖고 있다. 강강술래는 이제 소통과 단합을 이끌어내는 공동체 문화로서 의미를 추가적으로 갖게 되었다. 강강술래는 한국인이 한국인임을 느낄 수 있도록 하고, 평등한 어울림의 마당에서 서로 손을 마주 잡도록 만들어 준다. 그리고 뭐니 뭐니 해도 강강술래는 직접 체험해야 맛이 난다. 가장 권장할 만한 체험은 언제 어디서나 직접 해보는 것일 테지만 처음이라면 쉽지 않다. 그래서 함께 하면서 배울 수 있는 기회를 마련해 보아야 할 것이다.

이 책은 그런 점에 착안하여 해남의 강강술래를 정리하고 이를 교육할 수 있는 방안을 마련하는데 목적을 두었다. 학교에서 학생들이 강강술래를 배울 때 더 재미있고 다양한 방법으로 배울 수 있도록, 또 일반인들이 강강술래를 배울 때에도 쉽고 재미있게 적용할 수 있도록 방안을 제안하였다. 아무쪼록 이 책이 널리 활용되어 누구나 할 수 있는 강강술래, 누구에게나 재미있는 강강술래가 되기를 바란다.

이 책이 나오기까지 많은 분들께서 도움을 주셨다. 강강술래 보유자인 차영순 선생님과 전수조교 정순엽 선생님을 비롯해 보존회원 여러분들의 노고가 있어서 이 일이 가능했다. 또한 해남군과 양혜진 학예사, 그리고 작업을 총괄해준 ㈜디오어소시에이츠와 꼼꼼히 책을 만들어준 민속원 직원들께도 감사의 말씀을 드린다. 이 책이 해남 우수영 강강술래의 확산에 기여하는 교육 재료로 널리 활용되기를 기대한다.

2019.11.25.
저자 일동

차례

머리말   4

1장   우수영 강강술래의 전승 내력 ·· 9

　　1. 강강술래의 유래와 역사　　　　　　　　　　　　　　　　　10

　　2. 우수영과 강강술래　　　　　　　　　　　　　　　　　　　13

　　3. 무형문화재 강강술래　　　　　　　　　　　　　　　　　　14

　　4. 우수영 강강술래의 특징　　　　　　　　　　　　　　　　　15

2장   우수영 강강술래의 구성과 내용 ··· 29

　　1. 긴강강술래　　　　　　　31　　　7. 지와볿기　　　　　　77

　　2. 중강강술래　　　　　　　39　　　8. 덕석몰기 - 덕석풀기　　80

　　3. 자진강강술래　　　　　　52　　　9. 꼬리따기　　　　　　83

　　4. 남생아 놀아라　　　　　　65　　　10. 대문열기　　　　　　88

　　5. 고사리꺾기　　　　　　　67　　　11. 가마타기　　　　　　90

　　6. 청어엮기 - 청어풀기　　　73　　　12. 술래　　　　　　　　93

3장 우수영 강강술래의 교육과 전승 ······················· 101

　1. 학교에서 배우는 강강술래　　　　　　　　　　103

　2. 현장에서 배우는 강강술래　　　　　　　　　　115

　3. 새롭게 만드는 강강술래　　　　　　　　　　　123

4장 강강술래의 기능과 의미 ······························· 141

　1. 풍요기원의 제의적 기능과 의미　　　　　　　　142

　2. 임진왜란과 강강술래, 단결의 기능과 의미　　　　144

　3. 학교교육과 놀이노래로서의 기능과 의미　　　　147

　4. 유네스코 무형문화유산과 문화재로서의 기능과 의미　　149

참고문헌　151

1장

우수영 강강술래의
전승 내력

제1장
우수영 강강술래의 전승 내력

1. 강강술래의 유래와 역사

1) 강강술래란?

강강술래는 보름달이 뜨는 추석이나 대보름 밤에 마을 사람들이 한데 모여 풍년을 기원하고 신명을 나누기 위해 노는 민속놀이다. 일상의 놀이판이나 운동회 등에서 강강술래를 하는 경우도 있으나 명절에 노는 것이 전통적인 모습이다.

강강술래가 전승되는 지역은 서남해를 비롯한 전라도 전역이다. 1965년에 해남과 진도의 강강술래가 국가무형문화재 제8호로 지정되었다. 2009년에는 유네스코 인류무형문화유산으로 등재되었다.

강강술래란 명칭은 후렴에서 따온 것이다. 빠르게 부를 때에는 '강강술래'라고 하며 느리게 부를 때에는 '강-강-수월-래'라고 길게 늘여서 받는다. 강강술래는 지역적으로 다양하게 전한다. 후렴도 지역에 따라 '광광술래', '우광광수월래', '강강이나술래' 등으로 조금씩 다르게 부른다. 또한 일반적으로 여자들만 강강술래를 하지만 남녀가 함께 강강술래를 하는 사례들도 있다.

2) 언제부터 강강술래를 했을까?

강강술래를 언제부터 놀았는지 기록이 남아 있지 않다. 오래 전부터 자연스럽게 전승돼온 민속놀이이므로 그 기원을 특정하기 어렵다. 강강술래의 유래와 관련해서는 풍요를 빌기 위한 제의적 목적에서 비롯되었다는 설이 유력하다. 이외에 임진왜란과 관련된 유래설도 전한다.

(1) 풍요 기원에서 비롯되었다는 설

강강술래가 전승되는 상황을 보면 제의적 목적과 연결돼 있음을 알 수 있다. 강강술래의 연행시기가 추석, 대보름, 백중 등인데 이때는 모두 둥근 보름달이 뜰 때이다. 보름 밤에 둥근 달을 찬미하는 것이 풍요의 기원의 의미와 연결된다는 것을 쉽게 짐작할 수 있다.

고대 마한의 기록을 보면 농사의 시작과 끝에 군무群舞를 하며 놀았다는 내용이 나온다.

> 마한에서는 매양 5월에 모종을 끝마치고 나서 귀신에게 제사를 지냈다. 많은 사람이 떼를 지어 노래 부르고 춤추며 술을 마셔 밤낮을 쉬지 않았다. 그 춤추는 모양은 수십 인이 함께 일어나서 서로 따르며, 땅을 낮게 혹은 높게 밟되 손과 발이 서로 응하여 그 절주節奏는 마치 중국의 탁무鐸舞와 같았다. 10월에 농사일이 다 끝나고 나면 또 같은 놀이를 했다.
>
> 馬韓 常以五月下種訖 祭鬼神群聚歌舞飲酒 晝夜無休 其舞數十人 俱起相隨踏地低昂
> 手足相應 節奏有以鐸舞 十月農功畢 亦復如上

위에 인용된 군무는 강강술래와 직접 연결되지 않지만 풍요 기원의 집단놀이라는 점에서 서로 통한다. 수십 명이 함께 손과 발을 서로 따라하면서 땅을 밟는다는 설명을 보면 강강술래와 비슷한 동작을 떠올리게 한다. 풍요 기원의 놀이가 이른 시기에 생성되었음을 보여주는 기록이라고 할 수 있다.

강강술래가 풍요를 기원하는 놀이라는 것은 놀이 내용에서도 찾을 수 있다. 〈청어엮기〉 놀이에서 사람들이 청어를 엮어가는 장면을 연출하고, 〈고사리꺾기〉에서 고사리를 꺾는 것을 연출하는 모습 등은 유감주술적인 행위라고 해석된다. 그리고 강강술래의 마지막 부분에서 "잡았네 잡았네 쥔쥐새끼를 잡았네 콩한나 한나 던졌더니 오곡백곡이 절씨구"라고 표현하는 데서도 넉넉한 결실을 축원하는 것을 볼 수 있다.

(2) 임진왜란 및 이순신과 관련 있다는 설

임진왜란 기원설은 실제 전란의 현장인 해남, 진도를 비롯한 남해안 일대에서 널리 전한다.

> 임진왜란 때 군사적으로 열세인 상황에서 왜적에게 군사가 많은 것처럼 꾸미기 위해 부녀자들을 동원하여 남장을 시키고 손을 맞잡고 둥그렇게 원을 만들어 춤추게 했다. 이를 본 왜군들이 조선 군대가 많은 것으로 착각하여 겁을 먹고 달아났다. 이것이 계기가 되어 팔월 추석이면 수십 명씩 모여 강강술래를 하게 되었다고 한다.

이순신 장군이 군사적 열세를 감추기 위해 강강술래를 활용했다는 이야기다. 여러 지역에서 전하는 〈역의암易衣巖〉 전설의 한 유형이라고 할 수 있다. 임진왜란 때에 실제 작전의 일환으로 강강술래를 이용했는지 여부는 확인되지 않는다. 하지만 이순신이 13척의 배로 130척의 왜적을 물리친 것처럼 절대적인 열세에서도 왜적을 물리친 역사적 사실이 있으므로 정황상으로 보면 그럴듯한 맥락이 없지 않다. 그래서 설화로만 머물지 않고 강강술래의 유래설로 꾸준히 전승돼 왔다. 20세기 초의 신문기사에서 관련 내용이 나오는 것으로 보아 이른 시기부터 전승돼온 것으로 보인다.

강강술래의 임진왜란 관련설은 전승자들에게 색다른 전승의미를 환기했을 것으로 보인다. 강강술래가 민족적인 위기에서 왜적을 물리치는 데 기여했다는 설명은, 강강술래 전승의 자부심으로 작용했을 것이고 그만큼 각별한 의미를 지닌 민속놀이로 수용되었을 것이다. 이런 점에서 볼 때 임진왜란 관련설은 유래라기보다는 전승력을 강화하는 설화 전승이라고 할 수 있다.

2. 우수영과 강강술래

우수영右水營은 이름에서 알 수 있듯이 조선시대 수군기지였다. 해남 우수영은 '전라우수영'이 자리했던 곳이다. 그 관할 구역은 전라도의 오른쪽 해역, 다시 말해 한반도 서남해지역이다. 우수영에서는 7관(해남, 진도, 영암, 나주, 무안, 함평, 영광)과 17포(완도 가리포~전북 옥구·군산진)의 수군을 통솔했다. 19세기 중엽 전라우수영에 소속된 병선이 모두 85척이며 병사는 21,356명이었다고 한다. 전라좌수영(지금의 여수)의 관할 구역이 5관, 5포였고 병사가 9,849명이었던 것에 비하면 상당한 규모였다고 할 수 있다.[1] 1895년 우수영이 폐영될 때 소재지의 민호가 560호였다고 하니 그 규모가 지속적으로 유지되었음을 알 수 있다.

우수영 사람들은 강강술래를 특별한 무형유산으로 여기고 있다. 우수영은 임진왜란의 전적지 명량 인근이고 이순신과 밀접한 관련이 있는 곳이다. 그래서 주민들은 강강술래를 더 각별하게 여기고 있다. 강강술래에 지역의 역사적 내력과 정체성이 담겨 있다고 여기고 있는 것이다. 이런 배경에서 우수영 사람들은 추석과 대보름이 되면 강강술래를 성대하게 놀곤 했다.

20세기 중반에 우수영 강강술래가 외지로 알려지게 되었다. 1950년대 후반에

---

1   박세나, 「조선시대 전라우수영연구」, 목포대학교 대학원 석사논문, 2010, 45~51쪽.

김금자(설소리) 외 30여명이 강강술래공연단(단장 정채옥 문내면 동외마을)을 만들어서 목포 등지에서 공연했으며, 1957년에는 명량해전 전승 360주년을 기념하여 광주 사직공원에서 공연되기도 했다. 또한 1958년에는 설소리꾼 김금자(1938~)가 광주 수피아여고에 특채 입학해서 학생들을 지도한 뒤 1961년에 전남대표로 제2회 전 국민속경연대회(덕수궁, 40명)에 출전해서 문화공보부장관상을 수상했다. (『동아일보』 1961.9.27.)

우수영에는 민속예술이 풍부하게 전승되고 있다. 강강술래 이외에 여성들이 부 르는 부녀농요(전라남도 무형문화재 제20호)가 있으며, 남성들의 들소리가 복원되어 전 승되고 있고(2013년) 큰 규모의 줄다리기(용쟁이놀이)가 복원되었다.

3. 무형문화재 강강술래

강강술래는 20세기 중반 이후 외지에 소개되고 1960년대에 전국민속예술경연 에 나가면서 널리 알려지게 되었다. 그리고 1965년에 임석재·임동권 교수 등이 우수영과 진도 현지에서 민요조사를 하고 녹음을 남겼다. 이어 1966년에 국가무 형문화재 제8호로 지정되었다. 예능보유자로는 김길임, 양홍도 등 3명이 지정되 었다.[해남: 김길임金吉任 당시 38세·김금자金수子 당시 28세, 진도: 양홍도梁紅道 당시 68세]

강강술래는 무형문화재로 지정된 직후까지 원무 중심의 놀이였다. 현재 전하 는 것과 같이 많은 부수놀이가 추가된 것은 1970년대 중반이었다. 이전에 몇 번 의 대회에 출전할 때마다 단조로운 놀이라고 평가받던 점을 개선하기 위해 관련 되는 놀이들을 재구성해서 연출하게 된 것이 그 계기였다. 그리고 그 결과 1975 년 제16회 민속예술경연대회(서울)에서 국무총리상을 받고, 1976년 제17회 전국민 속예술경연대회(진주)에서 대통령상을 수상했다.

강강술래는 이처럼 상황에 따라 조금씩 변화되어왔다. 1970년대 중반까지는 원무(진강강술래-중강강술래-자진강강술래) 중심의 놀이였으나, 이후 남생아 놀아라, 고사리 꺾기, 청어엮기·풀기, 덕석몰기·풀기, 기와밟기, 가마타기, 쥔쥐새끼 등이 추가된 형태로 전승되고 있다.

현재 우수영 강강술래는 예능보유자 차영순과 전수조교 정순엽이 전승활동에 힘을 기울이고 있다.

4. 우수영 강강술래의 특징

1) 놀이 구성

우수영 강강술래의 특징은 인근 진도 강강술래와 비교하면 더 구체적으로 드러난다. 해남과 진도 강강술래는 전체 놀이 구성에서 차이를 보인다. 두 지역 강강술래를 대표하는 우수영의 김길임 버전과 진도의 조공례 버전을 대비하면 다음과 같다.

〈그림 1〉 해남·진도 강강술래의 놀이 구성 차이

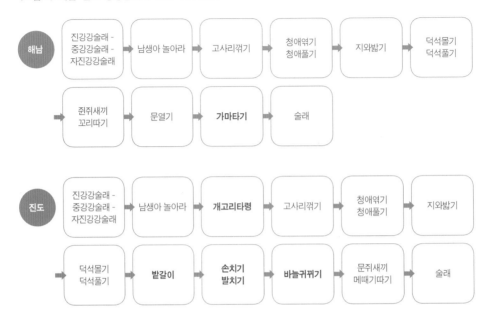

해남 우수영에는 진도에 없는 〈가마타기〉가 있다. 가마타기는 예전 가마꾼들의 권마성소리를 흉내 낸 것으로 실제 손가마로 친구를 태우고서 사실적으로 가마꾼소리를 흉내 낸 놀이다. 그러므로 선율이 분명하기보다는 말하듯이 부른다. '굵은 독은 넘어딛고 잔잔 독은 밟아가세'와 같은 표현도 가마꾼소리에서 자주 발견되는 대표 가사이다. 반대로 해남에 없으나 진도에 있는 부수놀이는 〈개고리타령〉, 〈바늘귀꿰기〉, 〈손치기발치기〉, 〈밭갈이〉 등이 있다. 이는 조공례 버전이 진도 강강술래 전승에 공식적으로 수용된 결과다. 조공례는 남도들노래 보유자였지만 강강술래 전승에 지대한 영향을 미쳤다. 이처럼 두 지역 강강술래는 전체 구성이 다르며 개인이나 시대에 따른 변화를 보인다. 그러므로 서로 다른 개성을 주목할 필요가 있다.

2) 놀이 방식과 가사, 음악적 특징

해남과 진도의 강강술래는 놀이방식과 가사, 음악에서도 차이를 보인다. 놀이 명칭이 같지만 내용상 차이를 보이는 것들을 중심으로 구체적인 양상을 대비하기로 한다.

〈표 1〉 해남 · 진도 강강술래의 놀이방식과 음악적 차이

	해남	진도
남생아 놀아라	나무생아, 졸래 2장단 악구 반복	남생아, 촐래, 가사 추가 9장단 단일 악구
고사리꺾기	두 가지 가사 4장단 악구 × 2가지 반복	1가지 가사 4장단 악구 × 1가지 반복
지와밟기	2소박×6 + 3소박×4 2소박×6 + 2장단	2소박×6 + 3소박×4 2소박×6 + 2장단 가사 추가 술 선법 악구 추가
덕석몰기, 덕석풀기	1장단 악구 반복	가사 추가 2장단 악구(a+b, a+b', a+b" 형태 반복)
쥔쥐새끼, 꼬리따기	쥔쥐새끼, 꼬리따세	문쥐새끼, 매때기 따세

(1) 남생아 놀아라

해남의 〈남생아 놀아라〉는 "나무생아 놀아라 졸래졸래가 잘논다"라는 가사를 놀이가 끝날 때까지 반복하며 음악도 큰 변화없이 반복한다. 반면 진도는 "남생아 놀아라 촐래촐래가 잘논다"의 가사와 함께 "어화색이 저색이"로 시작하는 긴 가사를 붙여 노래하며 가사의 반복 가창이 없고, 음악 역시 9장단의 독립된 악구로 돼 있으며, 그 안에 별도의 반복적인 형식이 존재하지 않는다.

	해남 〈남생아 놀아라〉	진도 〈남생아 놀아라〉
가사	나무생아 놀아라 졸래졸래가 잘논다	남생아 놀아라 촐래촐래가 잘논다
	동일 가사 무한반복	'어화색이' 이하 가사 추가

음악	2장단 악구 무한 반복	반복성 없는 9장단 독립악구

〈표 2〉 해남과 진도의 남생아 놀아라

해남 - 김길임(민요대전)	진도 - 조공례(민요대전)
나무생아 놀아라 졸래 졸래가 잘 논다 나무생아 놀아라 졸래 졸래가 잘 논다	남생아 놀아라 촐래촐래가 잘 논다 어 화색이 저색이 곡우 남생이 놀아라 익사 적사 소사리가 내론다 청주 뜨자 아랑주 뜨자 철나무초야 내 젓가락 나무접시 구갱캥

M19-6 해남 강강술래 - 남생아 놀아라

창 : 김길임 (여 , 1927)외
해남군 문내면 우수영
채보 : 김혜정

M16-3 진도 강강술래 1 - 남생아 놀아라

창 : 조공례(여 , 1925)
진도군 지산면 인지리 독치
채보 : 김혜정

나 무 접 시 구 갱 캥

(2) 고사리꺾기

해남의 경우 "고사리대사리~아장장장 벌이여"와 "껑자껑자~반찬하세"의 두 선율형이 4장단 단위로 반복되고 있다. 이에 비해 진도는 "껑자껑자~산이나 넘자"의 한 가지 선율형만 반복적으로 사용되고 있다.

	해남 〈고사리꺾기〉	진도 〈고사리꺾기〉
가사	'고사리대사리~아장장장 벌이여' '껑자껑자~반찬하세'	'껑자껑자~산이나 넘자'
음악	4장단 악구 × 2개 무한 반복	4장단 악구 × 1개 무한 반복

〈표 3〉 해남과 진도의 고사리꺾기

해남 - 김길임(민요대전)	진도 - 조공례(민요대전)
꼬사리 대사리 껑자 나무 대사리 껑자 유자 꽁꽁 재미나 넘자 아장장장 벌이여 껑자 껑자 꼬사리 대사리 껑자 수양산 고사리 껑꺼다가 우리 아배 반찬하세 꼬사리 대사리 껑자 나무 대사리 껑자 유자 꽁꽁 재미나 넘자 아장장장 벌이여 껑자 껑자 꼬사리 대사리 껑자 지리산 꼬사리 껑꺼다가 우리 어매 반찬하세	껑자 껑자 고사리 대사리 껑자 꼬사리 껑꺼 바구리 담고 아산이나 넘자 어디 났냐! 여기 났네! 껑자 껑자 망부 대사리 껑자 송쿠 껑꺼 웃짐 엱고 태산이나 넘자 껑자 껑자 고사리 대사리 껑자 꼬사리 껑꺼 바구리 담고 아산이나 넘자

M19-6 해남 강강술래 - 고사리꺾기

창 : 김 길 임 (여 , 1927)외
해남군 문내면 우수영
채보 : 김혜정

꼬 사 리 대 사 리 껑 자 나 무 대 사 리 껑 자

유 자꽁 꽁재미나넘 자아장 장 장벌 이여

꼬 사 리 대 사 리 껑 자 나 무 대 사 리 껑 자

유 자꽁 꽁재미나넘 자아장 장 장벌 이여

껑 자 껑 자 꼬 사 리 대 사 리 껑 자

수 양 산 고 사 리 껑 꺼 다 가 우 리 아 배 반 찬 하 세

M16-3 진도 강강술래 1 - 고사리꺾기

창 : 조 공 례 (여 , 1925)
진 도 군 지 산 면 인 지 리 독 치
채 보 : 김 혜 정

♩ = 110 실음은 6도 아래

껑 자 껑 자 고 사 리 대 사 리 껑 자

고 사 리 껑 꺼 바 구 리 담 고 아 산 이 나 넘 자

어 디 났 냐 ! 여 기 났 네 !

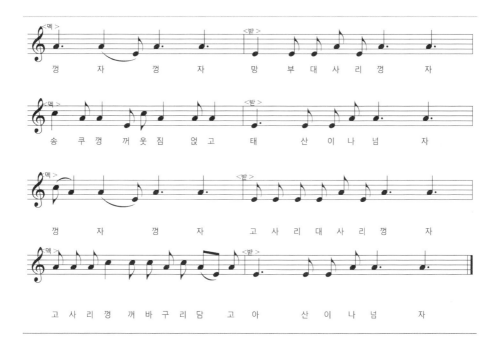

껑 자 껑 자 망 부 대 사 리 껑 자

송 쿠 껑 꺼 옷 짐 얹 고 태 산 이 나 넘 자

껑 자 껑 자 고 사 리 대 사 리 껑 자

고 사 리 껑 꺼 바 구 리 담 고 아 산 이 나 넘 자

(3) 덕석몰기·풀기

덕석몰기와 풀기의 경우 해남은 1장단의 "몰자몰자 덕석몰자"와 "풀자풀자 덕석풀자"의 선율을 반복하여 노래하는 데 비해, 진도는 "비야비야 오지마라 딸밭에 장구친다"와 같은 여러 가사들을 추가적으로 사용하여 확대시켜 놓았다. 진도는 2장단이 하나의 악구를 형성하며 이때 앞장단은 매번 같은 것이 반복되지만 뒷장단은 조금씩 달라지고 있어서 a+b, a+b′, a+b″형과 같이 선율이 반복되는 것으로 볼 수 있다.

	해남 〈덕석몰기·풀기〉	진도 〈덕석몰기·풀기〉
가사	'몰자몰자 덕석몰자'와 '풀자풀자 덕석풀자' 반복	'비야비야 오지마라 딸밭에 장구친다' 등 가사 추가, 확대
음악	1장단 악구 반복	2장단 악구(a+b, a+b′, a+b″형태 반복)

해남 - 김길임(민요대전)	진도 - 조공례(민요대전)
몰자 몰자 덕석 몰자 　몰자 몰자 덕석 몰자 풀자 풀자 덕석 풀자 　풀자 풀자 덕석 풀자	몰자 몰자 덕석 몰자 비온다 덕석 몰자 비야 비야 오지 마라 딸밭에 장구 친다 몰자 몰자 덕석 몰자 비온다 덕석 몰자 풀자 풀자 덕석 풀자 비갰다 덕석 풀자 풀자 풀자 덕석 풀자 벨난다 덕석 풀자

M19-6 해남 강강술래 – 덕석몰기

창 : 김길임 (여 , 1927)외
해남군 문내면 우수영
채보 : 김혜정

M16-3 진도 강강술래 1 – 덕석몰기, 덕석풀기

창 : 조공례 (여 , 1925)
진도군 지산면 인지리 독치
채보 : 김혜정

풀 자 풀 자 덕 석 풀 자 비 갰 다 덕 석 풀 자

풀 자 풀 자 덕 석 풀 자 별 난 다 덕 석 풀 자

풀 자 풀 자 덕 석 풀 자 비 갰 다 덕 석 풀 자

풀 자 풀 자 덕 석 풀 자 별 난 다 덕 석 풀 자

(4) 지와밟기

해남에는 느린 소리와 자진 소리의 두 가지 지와밟기가 전승되는 데 비해 진도 (조공례)의 음원에는 한 가지 유형만 있다. 해남의 두 가지 지와밟기는 2소박×6, 3 소박×4의 두 장단을 반복하는 형태와 2소박×6을 두 번 반복하는 형태로 나눌 수 있다. 조공례는 2소박×6, 3소박×4의 두 장단을 반복하는 형태만 노래했다.

	해남 〈지와밟기〉	진도 〈지와밟기〉
가사	'어딧골 지완가 장자골 지화세' '멧 닷냥 쳤는가 시물 닷냥 쳤네' 교체 반복	'어딧골 지완가 장자 장자골 지와세' 반복
음악	2소박×6 + 3소박×4 2소박×6 × 2장단 두 가지 형태의 박자	2소박×6, 3소박×4의 두 장단 반복

〈표 5〉 해남과 진도의 지와밟기

해남 - 김길임(민요대전)	진도 - 김종심(남도국악원)
어딧골 지완가 장자골 지화세 어딧골 지완가 장자 장자골 지화세 "지와 봅세." "자." 어딧골 지환가 장자골 지화세	어딧골 지완가(기완가) / 장자 장자골 지와세 어딧골 지완가 / 장자 장자골 지와세 지와 봅세(밟자) / 자~ 밟자 밟자 지와를 밟자 / 밟자 밟자 지와를 밟자
멧 닷냥 쳤는가 시물 닷냥 쳤네 어딧골 지환가 전라도 지화세 어딧골 지환가 장자골 지화세 멧닷냥 쳤는가 시물닷냥 쳤네 어디솔 지환가 장자골 지화세	어딧 골 지완가(기완가) / 장자골 지와세(기와세) 몇 닷냥 쳤는가 / 스물 닷냥 쳤네 어딧 골 지완가 / 옥주골 지와세 몇 닷냥 쳤는가 / 스물 닷냥 쳤네 어딧 골 지완가 / 전라도 지와세 몇 닷냥 쳤는가 / 스물 닷냥 쳤네 어딧 골 지완가 / 장자 장자골 지와세 어딧 골 지완가 / 장자 장자골 지와세

M19-6 해남 강강술래 – 기와밟기

창 : 김 길 임 (여 , 1927)외
해남군 문 내 면 우 수 영
채 보 : 김 혜 정

M16-3 진도 강강술래 1 - 지와볿기

(5) 쥔쥐새끼, 꼬리따기

해남은 쥔쥐새끼라고 하며, 진도는 문쥐새끼라 부르고 있다. 쥔쥐새끼를 잡은 이후에 부르는 노래에서도 선율 진행에 차이가 난다. 해남은 "꼬리 따세"라 외치고, 진도는 "메때기(메뚜기) 따세"라고 외친다.

	해남 〈쥔쥐새기〉, 〈꼬리따기〉	진도 〈문쥐새끼〉, 〈매때기따기〉〉
가사	쥔쥐새끼 + "꼬리 따세"	문쥐새끼+"매때기따기"
음악	골격 선율 위주 진행	시김새 추가

〈표 6〉 해남과 진도의 꼬리따기

해남 - 김길임(민요대전)	진도 - 조공례(민요대전)
진주 새끼 질룩 짤룩 가사리 벗이여 진주 새끼 질룩 짤룩 가사리 벗이여 ("꼬리 따세" "자" "위") 잡었네 잡었네 진주새끼를 잡었네 콩한나 퐅한나 떵겼더니 콩차두 퐅차두 되었네 잡었네 잡었네 진주새끼를 잡었네 콩한나 퐅한나 떵겼더니 콩차두 퐅차두 되었네 콩콩 전라도 진주새끼를 잡었네 콩한나 퐅한나 떵겼더니 콩차두 퐅차두 되었네	문쥐새끼 찔룩짤룩 가사리 벗이요 잡었네 잡었네 문쥐새끼를 잡었네 콩 한나 퐅 한나 떵겼더니 오곡 백곡이 절시구 콩 콩 전라도 문쥐새끼를 잡었네 콩 한나 퐅 한나 떵겼더니 오곡 백곡이 절시구

M19-6 해남 강강술래 – 진주새끼

창 : 김길임 (여 , 1927)외
해남군 문내면 우수영
채보 : 김혜정

콩 한 나 폴 한 나 띵 겼 더 니 콩 차 두 폴 차 두 되 었 네

콩 콩 전 라 도 진 주 새 끼 를 잡 었 네

콩 한 나 폴 한 나 띵 겠 더 니 콩 차 두 팥 차 두 되 었 네

M16-3 진도 강강술래 1 - 문쥐새끼

창 : 조공례 (여 , 1925)
진도군 지산면 인지리 독치
채보 : 김혜정

♩ = 55 실음은 6도 아래

문 쥐 새 끼 찔 룩 잘 룩 가 사 리 벗 이 여

문 쥐 새 끼 찔 룩 잘 룩 가 사 리 벗 이 여

문 쥐 새 끼 찔 룩 잘 룩 가 사 리 벗 이 여

문 쥐 새 끼 찔 룩 잘 룩 가 사 리 벗 이 여

매 때 기 따 세! 매 때 기 따 세!   휘 이! 휘 이! 휘 이!

잡 었 네 잡 었 네 문 쥐 새 끼 를 잡 었 네

<메> 콩 하 나 퐅 하 나 띵 겠 더 니 오 곡 백 곡 이 절 씨 구 <받>

<메> 콩 콩 전 라 도 문 쥐 새 끼 를 잡 었 네 <받>

<메> 콩 하 나 퐅 하 나 띵 겠 더 니 오 곡 백 곡 이 절 씨 구 <받>

　이상에서 본 대로, 해남과 진도는 전승권역이 다르므로 놀이 구성과 놀이 방식, 음악 등에서 서로 다른 강강술래를 전승해왔다. 따라서 두 지역 강강술래의 개성을 창조적으로 계승할 필요가 있다.

2장

우수영 강강술래의
구성과 내용

제2장
우수영 강강술래의 구성과 내용

〈해남 우수영 강강술래의 구성〉

　해남강강술래는 크게 세 부분으로 나눌 수 있다. 입장부터 원무로 점차 빠르게 돌아가는 전반부와 각종 부수놀이들이 속한 중반부, 그리고 다시 원무를 만들어 퇴장하는 후반부가 그것이다. 각 세부 구성은 아래와 같다. 각각의 놀이를 연결할 때 특별한 장치 없이 연결하고 있으며, 중반의 부수놀이로 8가지 종류가 포함되어 있다.

(1) 전반부

(2) 중반부

(3) 후반부

1. 긴강강술래

긴강강술래는 시작 부분에서 인사할 때, 천천히 원을 돌 때, 후반부에서 다시 호흡을 가다듬을 때, 그리고 마지막으로 인사할 때, 총 4회를 부르게 된다. 전반부와 후반부의 인사를 할 때에는 '강강술래'를 한 번씩 메기고 받는 것에 맞추어 인사를 하게 되며, 이 부분은 각각 긴강강술래 앞뒤에 붙여서 부르므로 동작이 인사를 하는 것일 뿐 실제 음악에서는 구분되지 않는다.

인사-긴강강술래

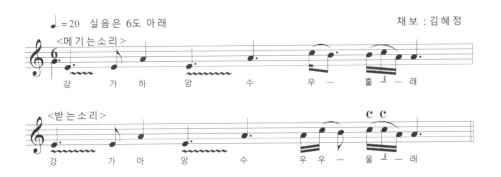

긴강강술래

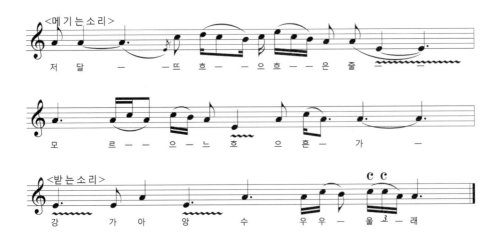

<메기는소리>

저 달 — —뜨흐— —으흐——은 줄 — —

모 르— —으— ㄴ 흐 으 흔 — 가 —

<받는소리>

강 가 아 앙 수 우 우— 올3—래

긴 강 강 술 래 -후 반

♩. = 30 실음은 6도 아래

채보 : 김혜정

<메기는소리>
저 ― 허다 하 ― 아하 ― 알이

다 져 ― 어무우 우훌 ― 어 ―

<받는소리>
강 가 아 앙 수 우우 ― 울 래

<메기는소리>
술 래 ― 하소 오 ― 오호 ― 리

끝 이 ― 이나 하 아 아 ― 네 ―

<받는소리>
강 가 아 앙 수 우우 ― 울 래

퇴장 인사

가사

메기는 소리	받는 소리

〈인사 - 긴강강술래〉

강가하앙수우홀래	강가하앙수우울래

〈긴강강술래〉

동해 동창 / 달 떠온다	강가하앙수우울래
저야 달이 / 뉘 달인가	강가하앙수우울래
방호방네 / 달이라네	강가하앙수우울래
방호방은 / 어디가고	강가하앙수우울래
저달뜬줄 / 모르는가	강가하앙수우울래

〈긴강강술래 - 후반〉

저 달이 / 다 저물어	강가하앙수우울래
술래소리 / 끝이 나네	강가하앙수우울래

〈긴강강술래 - 퇴장인사〉

강가하앙수우울래   강가하앙수우울래

추가
자료

『한국민요대전-전라남도편』 중 김길임 창 긴강강술래

재 너메다 임을 두고   강강 수울래

낮이로는 놀러가고   강강 수울래

밤이로는 자러가고   강강 수울래

미라 빌창[2] 대복방에[3]   강강 수울래

수제 제봉 굴린 소리[4]   강강 수울래

본처 간장 다 녹이네   강강 수울래

해설

　강강술래는 전라남도 남해안 일대와 도서해안지역에 널리 분포 전승되고 있는 집단놀이이다. 강강술래는 추석, 정월대보름, 백중, 유두 등 보름달이 뜨는 밤에 손을 잡고 둥글게 돌면서 노래하고 춤추는 놀이이다. 대보름은 한 해를 준비하고 풍요를 기원하는 의미이며, 추석은 풍년에 대한 감사와 축하의 의미가 있다.

　긴강강술래는 강강술래를 시작할 때 부르는 노래이다. 달이 떠올 때, 달을 노래하면서 느리고 유장한 소리에 맞추어 천천히 놀이를 시작하게 된다. 6박자의 진양조 장단에 맞는 박자구조이며, 메기는소리는 2장단, 받는소리는 1장단을 노

2　밀아빌창 → 밀아밀창. 밀창은 미닫이 창.
3　대복방 : 도배가 잘 된 방.
4　수제 제봉 굴린소리 : 수저 젓가락 구르는 소리.

래한다. '미라도/도시라미'의 육자배기토리로 되어 있다. 속도가 느려서 떨거나 꺾는 시김새가 많이 사용되며, '도' 위쪽으로 '레'와 '미'음까지 확대하여 다양한 음을 사용하고 있다.

동작

1장단에 앉아서 인사하고, 다음 1장단에 천천히 일어나 다시 원으로 대형을 만든다.

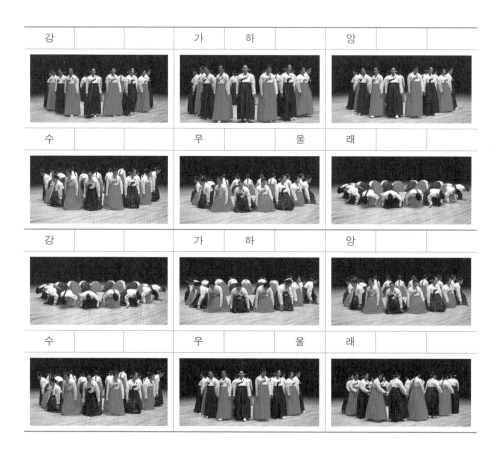

강			가	하		앙		

수			우		울	래		

강			가	하		앙		

수			우		울	래		

긴강강술래는 2박에 한 발자국을 딛는데, 왼발은 안쪽으로, 오른발은 바깥쪽으로 딛어 원이 커졌다 작아졌다를 반복한다. 때문에 멀리서 보면 원이 작아졌다 커졌다하며 꽃이 피었다 오무려지는 듯한 모습으로 보인다.

동	해				도	호	
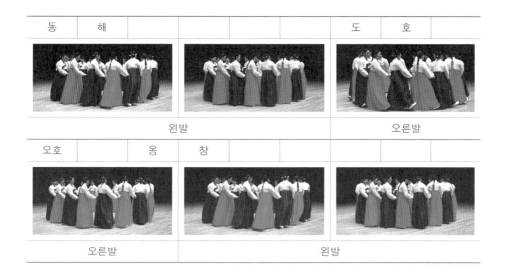

왼발		오른발

오호		옹	창		

오른발	왼발

2. 중강강술래

중강강술래는 강강술래를 하기 위해 입장하는 부분, 인사를 드린 후 긴강강술래에 이어져 점차 빨라지는 부분, 그리고 후반부 긴강강술래 직전에서 3회 노래된다. 각 부분의 중강강술래는 같은 곡이며 가사만 다르게 부를 뿐이다.

입장-중강강술래

♩.=80 실음 6도 아래

채보 : 김혜정

강 강 ― 술 ― 래 강 강 ― ― 술 ― 래

술 래 술 래 ― 강 강 ― 술 래 강 강 ― ― 술 ― 래

술 래 소 리 ― 어 디 ― 갔 다 강 강 ― ― 술 ― 래

때 만 찾 어 잘 도 온 다 강 강 ― ― 술 ― 래

새 벽 서 리 찬 바 람 에 강 강 ― ― 술 ― 래

울 고 가 는 ― 저 기 ― 럭 아 강 강 ― ― 술 ― 래

울 었 으 면 너 울 었 제 강 강 ― ― 술 ― 래

달 과별이 ―열 렸―으 니 강 강 ― ― 술 ― 래

요 내나는 ―언 제 사 라 강 강 ― ― 술 ― 래

우 리부친―만 나 ―볼 까 강 강 ― ― 술 ― 래

오 동 추 야 달 은 밝 고 강 강 ― ― 술 ― 래

점점 느리게

임 의―생 ―각 ―절 로 ―난 다 강 강 ― ― 술 ― 래

중강강술래

열 — 두 칸 — 지와 — 집에 강 강 — — 술 — 래
아 홉 칸 대 복 방에 강 강 — — 술 — 래
화 초 병풍 — 둘러 — 치고 강 강 — — 술 — 래
니 귀에다 핑 경 달고 강 강 — — 술 — 래
얼그랑쩔그랑그소리 — 듣고 강 강 — — 술 — 래
나 알만 찾 아오게 강 강 — — 술 — 래

중강강술래-후반

♩. = 75　실음 6도 아래　　　　　　　　　　　　　　　채보 : 김혜정

<메기는소리>　　　　　　　　　　　　　<받는소리>

시 시 때 야 십 만 — 고 야　강　강 — — 술 — 래

맘 에 — 동 — 동 — 우 리 — 엄 매　강　강 — — 술 — 래

어 느 굴 과 — 이 별 하 고　강　강 — — 술 — 래

날 크 는 줄 — 모 르 — 는 가　강　강 — — 술 — 래

널 크 는 줄 — 안 다 — 마 는　강　강 — — 술 — 래

가 고 잡 어 — 내 가 — 갔 냐　강　강 — — 술 — 래

차 마 서 러 — 내 가 갔 네　강　강 — — 술 — 래

오 동 추 야 — 달 은 밝 고 강 강 — — 술 — 래

임 의 생 각 — 절 로 — 난 다 강 강 — — 술 — 래

가사

| 메기는 소리 | 받는 소리 |

〈입장-중강강술래〉

메기는 소리	받는 소리
강강 술래	강강 술래
술래술래 강강술래	강강 술래
술래소리 어디 갔다	강강 술래
때만 찾어 잘도 온다	강강 술래
새벽서리 찬바람에	강강 술래
울고 가는 저 기럭아	강강 술래
울었으면 너 울었제	강강 술래
잠든 나를 깨우느냐	강강 술래
편지 상통 기러기면	강강 술래
편지 한 장 전해주라	강강 술래
검은 글씨 흰 종우로	강강 술래
우리 부친 보련마는	강강 술래
문을 열고 내다보니	강강 술래

기러기는 간 곳 없고	강강 술래
옥난간에 구름 속에	강강 술래
달과 별이 열렸으니	강강 술래
요내 내는 언제사라⁵	강강 술래
우리부친 만나볼까	강강 술래
오동추야 달은 밝고	강강 술래
임의 생각 절로난다	강강 술래

〈중강강술래〉

나주 영산 진 골목에	강강 술래
은또가리⁶ 팔에 걸고	강강 술래
지추캐는⁷ 저 큰아가	강강 술래
니야 집이 너 어데냐	강강 술래
내아 집을 찾을라면	강강 술래
거멍⁸ 구름 반골⁹ 속에	강강 술래
열두칸 지와집에	강강 술래
아홉칸 대복방에	강강 술래
화초벵풍¹⁰ 둘러치고	강강 술래
니 귀에다 핑경 달고¹¹	강강 술래
얼그랑 쩔그랑 그 소리 들고	강강 술래

5　언제쯤에나
6　은또가리 : 은또아리. 좋은 또아리라는 뜻.
7　지추 → 지치. 지초(芝草) : 여러 해 살이 풀로 뿌리를 약용 및 자색 염료로 사용함.
8　검은
9　반골 : (뜻 모름).
10　병풍
11　니 귀에다 핑경달고 : 네 귀에다 풍경달고.

날만 찾아오게	강강 술래

〈중강강술래-후반〉

시시때[12]야 십만고야	강강 술래
맘에동동 우리어매	강강 술래
어느굴[13]과 이별하고	강강 술래
날 크는 줄 모르는가	강강 술래
널 크는 줄 안다만은	강강 술래
가고잡어[14] 내가 갔냐	강강 술래
차마 서러 내가 갔네	강강 술래
오동추야 달은 밝고	강강 술래
임의 생각 절로난다	강강 술래

추가
자료

『한국민요대전-전라남도편』중 김길임 창 중강강술래

양에 양에 양님이는	강강 술래
시집 가든 삼일만에	강강 술래
바느질을 하락하여	강강 술래
기와 지름[15] 불을 키고	강강 술래
섶 뉘비고 짓[16] 뉘비고	강강 술래

---

12 수수대
13 어느 누구와
14 가고 싶어
15 기와지름 : 에우지름. 고기의 창자를 따내서 기름을 내어 심지에 먹여 불을 켬.
16 짓 : 깃.

소매 반동[17] 다 뉘빈께	강강 술래
건넛 강에[18] 닭이 울고	강강 술래
아랫 강에 개가 짖어	강강 술래
잠이 올와[19] 잠 잤드니	강강 술래
시아버니 호령소리	강강 술래
시어머니 기걸소리[20]	강강 술래
에라 이것 못 살겄네	강강 술래
공과낙수[21] 들쳐미고	강강 술래
비네재를[22] 넘어가서	강강 술래
졸복 한나[23] 낚아다가	강강 술래
짚불에다 구워먹고	강강 술래
잠든 듯이 죽어지세	강강 술래
강강 술래	강강 술래
서울 가서 베 떠다가	강강 술래
강안도 가서 다듬어서	강강 술래
전주 가서 물을 딜어	강강 술래
올올이 가세질에	강강 술래
성제[24] 성제 바느질에	강강 술래

---

17 반동 : 반, 반절.
18 건넛강, 아랫강 : 건넛마을. 아랫마을. 강이나 마을의 경계가 되는 데서 나온 말.
19 잠이 올와 : 잠이 올라. 잠이 와서
20 기걸소리 : 나무라는 소리. '기걸하다'는 나무라다.
21 공과낚수 → 공과낚시 : 대나무로 만든 낚시.
22 비네재 : 폭이 좁은 고개.
23 졸복 : 참복과에 속하는 바닷물 고기로 맹독이 있음.
24 성제 : 형제.

이실이실 이실아척[25]	강강 술래
대루미에 빰을 맞쳐[26]	강강 술래
입자니는 고부지고	강강 술래
개자니는 고부져서[27]	강강 술래
횃대 끝에 걸어놓고	강강 술래
들멩 보고 날멩 본디	강강 술래
여시같은 씨누애기	강강 술래
때깔칼[28]을 품에 품고	강강 술래
올올이 다 찢는다	강강 술래
찢기사라 찢네마는	강강 술래
줍기 좋게[29] 찢어주게	강강 술래
들어보고 들어보소	강강 술래
서당선배[30] 들어보소	강강 술래
기걸하게 기걸하게	강강 술래
느그 동숭 기걸하게	강강 술래
기걸해서 안 듣그등	강강 술래
날 베르게[31] 날 베르게	강강 술래
활등같이 굽은 질로	강강 술래
활 쏘테끼[32] 나는 가네	강강 술래

---

25 이실아척 : 이슬이 내린 아침.
26 이실이실 ~ 빰을 맞쳐 : 이슬이 내린 아침에 습기가 많아 다리미질이 잘 됨.
27 입자니는 ~ 고부져서 : 입자하니(는) 구겨지고 개자 하니(는) 구겨져서.
28 때깔칼 : 때끼칼. 작은 칼.
29 줍기 좋게 : 깁기 좋게.
30 서당선배 : 서당선비.
31 베르게 : 버리게.
32 활 쏘테끼 : 활 쏘듯이.

지춘상, 『전남의 민요』 중 박양애 창 중강강술래

임아 임아 뉘어봐라	강강 술래
임 줄라고 해온 보신	강강 술래
임 안주면은 누구를 줄까	강강 술래

해설

중강강술래는 긴강강술래보다는 빠르고 자진강강술래보다는 느려서 중간 정도의 속도라는 의미이다. 3소박 4박의 중중모리 장단에 맞는다. '미라도/도시라미'의 육자배기토리로 되어 있다. 1장단을 메기고 1장단을 받는데, 한번은 낮은 음으로 시작하여 중간으로 올라오는 가락으로 메기고, 다음에는 중간 음에서 높은음으로 올라가는 가락을 메겨서 두 번 메기고 받아 4장단에 하나의 악구가 만들어지는 a-b-c-b의 형식으로 되어 있다.

메기는소리	받는소리
a 나 주 영 산 — 진 골 — 목 에	b 강 강 — — 술 — 래
c 은 또 가 리 — 팔 에 — 걸 고	d 강 강 — — 술 — 래

중강강술래는 한 박에 한 걸음을 떼며, 손을 위 아래로 박자에 맞추어 흔든다. '하나둘셋, 둘둘셋, 셋둘셋, 넷둘셋'으로 세어지는 3소박 계통의 박자에 어울리는 발디딤새는 '하나'에 발뒤꿈치가 땅에 닿고, '둘'은 지속하며, '셋'에 발이 들어 올려진다.

강			강		
왼발			오른발		
술			래		
왼발			오른발		

3. 자진강강술래

자진강강술래는 초반부와 후반부에 각각 한 차례씩 2회 노래된다. 각각의 자진 강강술래는 동일한 악곡이며 가사만 달라질 뿐이다.

자진강강술래

옆에 사람 — 보기 — 좋게 강 강 — — 술 — 래

어깨는 충청 다리는 뜰먹 강 강 — — 술 — 래

옥 신 옥 신 뛰어나 보세 강 강 — — 술 — 래

하 늘에다 — 베 틀놓고 강 강 — — 술 — 래

구 름 잡어 잉애 걸고 강 강 — — 술 — 래

참 나무에 — 보두 — 집에 강 강 — — 술 — 래

비 자나무 — 북 에다가 강 강 — — 술 — 래

얼 그 당 쩔 그 당 짜는 — 베는 강 강 — — 술 — 래

언 — 제다 짜고 친정에 갈까 강 강 — — 술 — 래

자진강강술래-후반부

돈 부 따 는 — 저 처 — 녀 야   강 강 — — 술 — 래

앞 돌 라 라 앞 매 보 자   강 강 — — 술 — 래

뒷 돌 라 라 — 뒷 매 — 보 자   강 강 — — 술 — 래

앞 매 뒷 매 — 곱 다 마 는   강 강 — — 술 — 래

니 머 리 끝 에 — 디 린 — 댕 기   강 강 — — 술 — 래

공 단 이 냐 — 비 단 이 냐   강 강 — — 술 — 래

공 단 이 먼 — 뭣 을 — 하 고   강 강 — — 술 — 래

비 단 이 믄 — 뭣 을 할 래   강 강 — — 술 — 래

메기는 소리	받는 소리

〈자진강강술래〉

강강 술래	강강 술래
뛰어보세 뛰어보세	강강 술래
윽신윽신 뛰어나 보세	강강 술래
짚은 마당 야차지고	강강 술래
야찬[33] 마당이 높아나지게	강강 술래
허리늘쩐 골라서서	강강 술래
먼데 사람 듣기좋고	강강 술래
곁에 사람 보기좋게	강강 술래
어깨는 충청 다리는 뜰먹	강강 술래
윽신윽신 뛰어나보세	강강 술래
하늘에다 베틀놓고	강강 술래
구름잡어 잉애걸고	강강 술래
참나무에 보두집에	강강 술래
비자나무 북에다가	강강 술래
얼그당 쩔그당 짜는 베는	강강 술래
언제 다 짜고 친정에 갈까	강강 술래

---

33 얕은

〈자진강강술래-후반〉

강강 술래	강강 술래
저 건네 묵은 밭에	강강 술래
쟁기 없어 묵었는가	강강 술래
임자 없어 묵었는가	강강 술래
잘 된 데는 차조 갈고	강강 술래
못 된 데는 모조 갈아[34]	강강 술래
머리 머리 돈부심어[35]	강강 술래
돈부 따는 저 처녀야	강강 술래
앞돌라라 앞매보자	강강 술래
뒷돌라라 뒷매보자	강강 술래
앞매뒷매 곱다마는	강강 술래
니머리 끝에 디린 댕기	강강 술래
공단 이냐 비단이냐	강강 술래
공단이먼 뭣을 하고	강강 술래
비단이믄[36] 뭣을 할래	강강 술래

추가
자료

『한국민요대전-전라남도편』 중 김길임 창 자진강강술래

천장만장 달파머리[37]	강강 술래

---

34 모조 → 메조.
35 돈부 → 동부 : 콩과의 식물.
36 대단(大緞) : 중국에서 나는 비단의 일종.
37 달피머리 : 쪽진 머리.

쑤시비단[38] 꽃이 피어	강강 술래
그 꽃 한쌍 껑꺼다가	강강 술래
임으 보신 볼을 걸어[39]	강강 술래
음을 보고 보신 보니	강강 술래
임 줄 생각 전히 없네	강강 술래
임의 둥숭 씨아제야	강강 술래
너나 신고 공부가세	강강 술래
강강 술래	강강 술래

딸아 딸아 막내 딸아	강강 술래
맨 발 벗고 샘에 가냐	강강 술래
텃논 폴아 종 사주리	강강 술래
텃밭 폴아 신사주리	강강 술래
종도 싫고 신도 싫고	강강 술래
오동나무 장롱에다	강강 술래
갖인 장석[40] 걸어 놓고	강강 술래
날과 같은 임 사주게	강강 술래

지춘상,『전남의 민요』중 박양애 창 자진강강술래

당글 당글 당글부채	강강 술래
은도 당글 낫또부채	강강 술래

---

38 쑤시비단 → 수수비단 : 비단의 일종.
39 볼을 걸어 : 버선의 바닥. 또는 버선 앞 뒤의 바닥이 꿰졌을 때 덧대어 깁는 헝겊조각인 볼을 대어 기워.
40 갖인 장석 → 갖은 장석 : 장식은 장롱 따위에 붙이는 쇠붙이.

스무냥주고 사신부채   강강 술래

오뉴월이 둘이래도   강강 술래

못 다 부친 내정이야   강강 술래

『전남의 민요』(국립문화재연구소) 중 김길임 창 자진강강술래

유우 동동 유가마야   강강 술래

너만 동동 다줘갖고   강강 술래

글읽기를 스러말고[41]   강강 술래

매맞기를 싫어 마라   강강 술래

화랑차고 명랑한데   강강 술래

명자눈에도 입난일세   강강 술래

돈없어도 못시기고   강강 술래

글못배도 못시기네   강강 술래

저기 가는 무명자들   강강 술래

늦다고 한탄말고   강강 술래

이제라도 배웁시다   강강 술래

우수영 청년들아   강강 술래

낫놓고 기억자 못 쓴 청년   강강 술래

연애 한번 못 해봅니다   강강 술래

얽고도 유잘레라   강강 술래

골죽어도 석률레라   강강 술래

놀러가세 놀러가세   강강 술래

정애집이를 놀러가세   강강 술래

---

41   싫어 말고.

정애는 간곳없고	강강 술래
방우게 왕상님이	강강 술래
나만 잡고 희롱한다	강강 술래
달은 밝고 총각집에	강강 술래
길은 멀고 청장집에	강강 술래
누게다가 청장할까	강강 술래
청장할이가 전이없네	강강 술래
오동추야 달은 밝아	강강 술래
임의 생각이 간절이네	강강 술래
팔월이라 한가위날	강강 술래
높이 떳다 저달님은	강강 술래
달만보고 소리친디	강강 술래
우리 부모 어디가고	강강 술래
날비칠줄 잊었는가	강강 술래
아옥떠서 맹근 댕기	강강 술래
말마다 눈일래라	강강 술래
서울이라 오동칸에	강강 술래
수수높기가 난감하다	강강 술래
꼬치 꼬치 누에꼬치	강강 술래
비단놓기가 난감하다	강강 술래
한올한올 떠다놓고	강강 술래
한 모금을 묵고나니	강강 술래
지와생이 올락하네	강강 술래
두 모금을 먹고 나니	강강 술래
아주 영영 가셨구나	강강 술래

서울이라 도당성군	강강 술래
마당 한칸 내려와서	강강 술래
이방 저방 제쳐 놓고	강강 술래
신부 방으로 들어가서	강강 술래
다 못지은 흰근댕기	강강 술래
나만 하고 어디가냐	강강 술래
엄매 엄매 밥잔주게	강강 술래
배고파서 못살겠네	강강 술래
식기에는 밥을 담고	강강 술래
양판에는 국을 뜨고	강강 술래
밥태기는 꽉꽉하고	강강 술래
우는 애기 느룩하고	강강 술래
오동꼴랑도 몰랐다하네	강강 술래
달아 밝아라 임경순가자	강강 술래
양지야 붉어라 멋있거든	강강 술래
바람은 손발이 있다해도	강강 술래
가느난 봄은 못잡는디	강강 술래
바람은 손발이 없다해도	강강 술래
오마난 낭군을 ○○한들	강강 술래
구대 독신 독신 사랑	강강 술래
진도맹끼 허여갖고	강강 술래
내로다가 죽었다네	강강 술래
저승에를 들어가니	강강 술래
왕님께서 하는 말이	강강 술래
너는 어째 여기왔냐	강강 술래

제가 와가 민망한 것이	강강 술래
구대 독신뿐입니다	강강 술래
그 옆에를 돌아보니	강강 술래
조그만한 처녀하나	강강 술래
○○하야 엎졌구나	강강 술래
왕님께서 하는말이	강강 술래
너는 어쩨 여기왔냐	강강 술래
저도 어찌 죄가 없소	강강 술래
느그 둘이 속히 나가	강강 술래
천년언약 해로하제	강강 술래
한날한시 들오니라	강강 술래
펄떡 깨어 일어보니	강강 술래
백주박팔에다가	강강 술래
도화문장 심낭자라	강강 술래
그럴 것도 속여놓고	강강 술래
심낭자 팔에다가	강강 술래
구대독신 녹진사랑	강강 술래
글을 써서 종이에 넣고	강강 술래
펄떡 깨어 일어나니	강강 술래
처량한 울음소리	강강 술래
뉘 아니 눈물흘려	강강 술래
찾았구나 찾았구나	강강 술래
심낭자를 찾았구나	강강 술래

자진강강술래는 중강강술래를 더 빠르게 부르는 노래이다. 빠르게 부르기 위해 가락을 더 단순하게 하고 시김새를 뺀 상태이다. 속도는 자진모리 장단에 맞는 3소박 4박자이며, 1장단을 메기고 1장단을 받는다. 메기는소리의 가락이 대체로 2가지를 번갈아 사용하는 것도 중강강술래와 유사하다. '미라도/도시라미'의 육자배기토리로 되어 있다.

자진강강술래는 박자가 빨라지면 뛰면서 도약을 하게 되는데 한 박에 한 발로 땅을 차서 뛰고 연이어 같은 발로 다시 뛴다. 같은 발로 두 번 연속해서 뛸 때 그 리듬꼴이 '♩♪' 형태를 이루므로 이 역시 3소박의 특성을 반영한 것이라 할 수 있다.

강			강		
왼발			오른발		
술			래		
왼발			오른발		

남생이놀이를 위한 준비 동작으로 붉은 치마를 입은 사람들과 파란 치마를 입은 사람들을 나누어 두 줄을 만든 이후 각각 독립된 원을 만든다. 이 동작은 노래에 정확하게 맞추어 진행하는 것이 아니라 자연스럽게 줄을 만들고 줄이 만들어지면 다시 원으로 만드는 형태로 이어진다.

4. 남생아 놀아라

가사

| 메기는 소리 |
| 받는 소리 |

〈남생아 놀아라〉

남생아[42] 놀아라 졸래 졸래가 잘 논다　　남생아 놀아라 졸래 졸래가 잘 논다
남생아 놀아라 졸래 졸래가 잘 논다　　남생아 놀아라 졸래 졸래가 잘 논다
남생아 놀아라 졸래 졸래가 잘 논다　　남생아 놀아라 졸래 졸래가 잘 논다

해설

　남생아 놀아라 놀이는 남생이의 동작을 흉내 낸 동물유희 놀이이다. 달팽이가 두 개의 더듬이를 흔들며 기어가는 것처럼 기우뚱거리며 걷는데, 이 모양이 우습다 하여 그것을 흉내 내면서 춤을 춘다. 그래서 '남생아 놀아라'라고 노래하면 놀이꾼이 원 안으로 들어가 남생이를 흉내 내며 매우 우스꽝스러운 춤을 춘다. 2장단을 메기고 2장단을 받는데, 메기는 소리와 받는소리의 가사와 선율이 크게 다르지 않아 복창 형태로 볼 수 있다. 놀이꾼을 바꾸어가면서 원하는 길이만큼 놀이를 할 수 있다. 3소박 4박의 자진모리장단에 맞는다. '미라도'의 세 음만 사용하며 시김새는 거의 사용하지 않는다.

42　남생이 : 달팽이를 지칭한다. 진도 사람들이 민물에 사는 토종 거북이를 남생이라고하는 것과 비교된다.

남생아 놀아라는 각 원에서 두 사람의 술래가 남생이 역할을 위해 원 안으로 들어간다. 들어간 사람은 가볍게 손을 움직여 남생이 흉내를 낸 춤을 춘다. 각 장단이 시작할 때에는 손으로 치마를 쳤다가 다시 손을 위로 흔들며 춤을 추는 동작을 반복한다. 남생아 놀아라의 노래가 끝나갈 무렵에는 다시 원으로 복귀한다.

5. 고사리꺾기

악보

고 사 리 꺾 기

〈고사리꺾기〉

메기는 소리	고사리 대사리[43] 껑자[44] 나무 대사리 껑자 유자 꽁꽁[45] 재미나 넘자 아장장장[46] 벌이여
받는 소리	고사리 대사리 껑자 나무 대사리 껑자 유자 꽁꽁 재미나 넘자 아장장장 벌이여
메기는 소리	껑자 껑자 꼬사리 대사리 껑자 수양산 꼬사리 껑꺼다가 우리 아배[47] 반찬하세
받는 소리	꼬사리 대사리 껑자 나무 대사리 껑자 유자 꽁꽁 재미나 넘자 아장장장 벌이여
메기는 소리	껑자 껑자 꼬사리 대사리 껑자 지리산 꼬사리 껑꺼다가 우리 어매[48] 반찬하세
받는 소리	꼬사리 대사리 껑자 나무 대사리 껑자 유자 꽁꽁 재미나 넘자 아장장장 벌이여
메기는 소리	껑자 껑자 꼬사리 대사리 껑자 한라산 꼬사리 껑꺼다가 우리 아배 반찬하세
받는 소리	꼬사리 대사리 껑자 나무 대사리 껑자 유자 꽁꽁 재미나 넘자 아장장장 벌이여

---

43 대사리 : 큰고사리
44 껑자
45 유자가 꽁꽁 얽었다는 뜻
46 벌이 앵앵 거리는 소리
47 아버지
48 어머니

해설

　　고사리 꺾는 모양을 흉내 낸 놀이이다. 고사리꺾기는 3소박 4박의 자진모리장단에 맞는다. '미라도'만을 사용하며 시김새는 거의 사용되지 않는다. '꺾자'는 '껑자'로 발음하는 것이 노래하기에 좋다. 4장단을 메기고 4장단을 받는 형식이며, 메기는소리는 수양산, 지리산, 한라산 등 바뀌는 가사가 있으므로 선후창으로 볼 수 있다. 받는소리 4장단은 a-a′-b-a″의 형식이며, 메기는소리 4장단은 c-a′-b-a″으로 되어 있다.

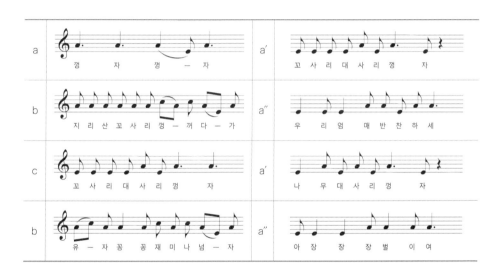

동작

　　여러 사람이 손을 잡고 앉아 있다가 맨 선두의 사람이 일어나 왼쪽으로 돌아서 두 번째 사람과 세 번째 사람 사이를 끊어 두 번째 사람을 일어나도록 한다. 이 동작을 반복하여 마지막 사람까지 돌아 나오면서 한 사람씩 일어나게 한다.

한 사람씩 일으켜 세우는 것이 고사리 한 개씩 꺾는 것을 의미한다. 사람이 고사리가 되는 셈이다. 왕고사리를 많이 꺾어 풍요를 이루는 모습을 모의한 놀이라 할 수 있다. 박자에 맞추어 동작을 하는 것이 아니라 천천히 자연스럽게 동작을 해 나가면 되는 놀이이다. 놀이 방법은 아래와 같다.

1. 원진을 하다가 '아장장장 벌이여' 부분에서 제 자리에 앉는다.	2. 선두가 일어나서 원 안으로 들어간다.

3. 바로 뒤에 있는 사람을 한 바퀴 돌면 앉은 사람은 앞 사람과의 손을 놓아 길을 만들어 준다.	4. 선두가 한바퀴 돌아 나올 때까지 앉은 상태로 몸을 돌려 따라간다.

5. 선두가 완전히 돌아나오면 일어서면서 아까 놓았던 손을 다시 잡는다.	6. 이후 뒤에 있는 사람들을 차례로 돌아나온다.

7. 시간에 따라 한사람씩 돌기도 하고 두 세 명씩 한꺼번에 돌기도 한다.	8. 다 돌아 나온 후에는 다시 원형을 만들어뙨다.

6. 청어엮기 - 청어풀기

청어엮기-청어풀기

가사

〈청어엮기〉

메기는 소리	청 청 청애 영짜[49] 위도 군산[50] 청애 영짜
받는 소리	청 청 청애 영짜 위도 군산 청애 영짜
메기는 소리	청 청 청애 영짜 위도 군산 청애 영짜
받는 소리	청 청 청애 영짜 위도 군산 청애 영짜
메기는 소리	청 청 청애 영짜 위도 군산 청애 영짜
받는 소리	청 청 청애 영짜 위도 군산 청애 영짜

49 청애영자 : 청어 엮자.
50 위도는 전라북도 부안군에 속한 섬이며, 군산은 위도와 가까운 군산시.

〈청어풀기〉

메기는 소리	청 청 청애 풀자 위도 군산 청애 풀자
받는 소리	청 청 청애 풀자 위도 군산 청애 풀자
메기는 소리	청 청 청애 풀자 위도 군산 청애 풀자
받는 소리	청 청 청애 풀자 위도 군산 청애 풀자
메기는 소리	청 청 청애 풀자 위도 군산 청애 풀자
받는 소리	청 청 청애 풀자 위도 군산 청애 풀자

해설

물고기 '청어'를 굴비 엮듯이 엮는 것을 모방한 놀이이다. 청어엮기의 노래 가사 중 위도와 군산은 전라북도의 지명으로 청어가 많이 잡히던 어장으로 유명하다. 3소박 4박의 자진모리장단에 맞으며, 2장단 메기고 2장단을 받는다. 각각의 2장단은 a-b의 형식으로 볼 수 있다. 메기는소리와 받는소리의 가사가 완전히 동일하므로 복창 형태에 해당한다. '미라도'의 3음만을 사용하며 시김새는 거의 사용되지 않는다. '엮자'는 '영짜'로 발음하는 것이 노래하기에 좋다.

동작

청어엮기를 할 때에는 둥글게 돌던 원을 깨고 맨 선두에 선 사람이 왼쪽으로 돌아서 맨 뒤 사람과 뒤에서 두 번째 사람의 손 밑으로 끼어 들어와 한 바퀴를 돌아서 제자리로 돌아오면 뒤에서 두 번째 사람은 왼손이 오른 어깨 위로 올려진 상태가 된다. 이 모양이 청어를 엮어 놓은 것 같다고 하여 청어엮기 놀이라고 한다. 그 다음엔 손이 엮인 사람과 그 앞 사람의 손 밑을 끼어 들어가는데, 이러한 동작을 계속 반복하여 모든 사람의 손을 엮어 놓는다.

청어풀기는 청어엮기와 반대 방향으로 돌아 나와 다시 풀린 상태를 만드는 것이다. 청어풀기를 할 때에는 선두가 뒷 사람과 그 다음 사람 사이를 청어엮기 때와 반대로 끼어나와 차례로 돌아 나오면 엮인 손이 제 자리로 돌아가게 된다.

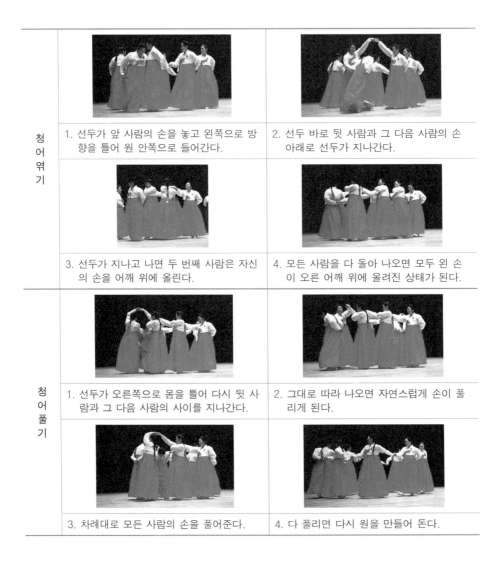

청어엮기	1. 선두가 앞 사람의 손을 놓고 왼쪽으로 방향을 틀어 원 안쪽으로 들어간다.	2. 선두 바로 뒷 사람과 그 다음 사람의 손 아래로 선두가 지나간다.
	3. 선두가 지나고 나면 두 번째 사람은 자신의 손을 어깨 위에 올린다.	4. 모든 사람을 다 돌아 나오면 모두 왼 손이 오른 어깨 위에 올려진 상태가 된다.
청어풀기	1. 선두가 오른쪽으로 몸을 틀어 다시 뒷 사람과 그 다음 사람의 사이를 지나간다.	2. 그대로 따라 나오면 자연스럽게 손이 풀리게 된다.
	3. 차례대로 모든 사람의 손을 풀어준다.	4. 다 풀리면 다시 원을 만들어 돈다.

7. 지와볿기

지 와 볿 기

| 메기는 소리 | 받는 소리 |

〈지와밟기〉

어딧골 지완가[51] 장자 장자골[52] 지와세	어딧골 지완가 장자 장자골 지와세
어딧골 지완가 장자 장자골 지와세	어딧골 지완가 장자 장자골 지와세
어딧골 지완가 장자 장자골 지와세	어딧골 지완가 장자 장자골 지와세
어딧골 지완가 장자 장자골 지와세	어딧골 지완가 장자 장자골 지와세

지와 봅세! 자!

어딧골 지완가	전라도 지와세
어딧골 지완가	장자골 지와세
몇 닷냥 쳤는가[53]	스물 닷냥 쳤네

해설

  기와를 밟아가는 것을 모방한 놀이이다. 지와밟기에 불리는 노래는 두 가지이다. 하나는 지와밟기를 하기 위한 준비 동작에 불리는 노래로 2장단을 메기고 2장단을 받는다. 각각의 2장단은 동일한 것을 반복하므로 복창형태로 볼 수 있다. 2장단 중 앞 장단은 2소박 6박처럼 되어 있고, 뒷 장단은 3소박 4박처럼 되어 있

---

51 지완가 : 기화인가.
52 장자골(長者-) : 장자, 즉 부자가 사는 동네.
53 물건을 사고 팔 때 가격을 얼마나 매겼는지를 묻는 질문.

어서 매우 특이한 구조이다.

실제 지와밟기를 하면서 부르는 노래는 앞선 노래보다 훨씬 속도가 느리다. 노래가 느려서인지 1장단을 메기고 1장단을 받는 구조로 노래하며 가사의 내용이 묻고 답하는 구조로 되어 있어서 받는소리이지만 매번 가사가 바뀌는 교환창(주고받는 형식)에 해당한다. 뒷 곡은 메기는소리와 받는소리 모두 2소박 6박의 구조로 되어 있다.

두 곡은 공히 '미라도-도시라미'의 육자배기토리로 노래된다. 그러나 3소박보다는 2소박이 더 많이 사용되며 약간 느린 듯하지만 음의 분화는 많지 않아서 시김새 사용이 두드러지지 않는다.

동작

사람들이 길게 한 줄로 늘어서서 앞사람의 허리를 잡고 등을 굽혀 길을 만드는데, 이것이 기와와 닮았다 하여 지와밟기라 한다. 그 위를 한 사람이 밟아 나가는데 좌우의 두 사람이 손을 잡아 보조 역할을 한다.

1. 첫 곡을 부르면서 일열로 대열을 정비한다.

2. 기와밟세! 자! 하고 구호를 외치면 엎드려 기와를 만들고 밟을 사람도 준비를 한다.

3. 두 번째 곡을 부르면서 기와를 밟는다.

4. 다 밟은 후에는 그대로 기와 형태를 유지한다.

8. 덕석몰기 - 덕석풀기

덕석몰기-덕석풀기

♩. = 110 실음 6도 아래

<메기는소리>

<받는소리>

채보 : 김혜정

몰 자 몰 자 덕 석 몰 — 자 몰 자 몰 자 덕 석 몰 — 자

몰 자 몰 자 덕 석 몰 — 자 몰 자 몰 자 덕 석 몰 — 자

풀 자 풀 자 덕 석 풀 — 자 풀 자 풀 자 덕 석 풀 자

풀 자 풀 자 덕 석 풀 — 자 풀 자 풀 자 덕 석 풀 자

가사

메기는 소리	받는 소리

〈덕석몰기〉

몰자 몰자 덕석 몰자　　　몰자 몰자 덕석 몰자

몰자 몰자 덕석 몰자　　　　　몰자 몰자 덕석 몰자

몰자 몰자 덕석 몰자　　　　　몰자 몰자 덕석 몰자

몰자 몰자 덕석 몰자　　　　　몰자 몰자 덕석 몰자

〈덕석풀기〉

풀자 풀자 덕석 풀자　　　　　풀자 풀자 덕석 풀자

풀자 풀자 덕석 풀자　　　　　풀자 풀자 덕석 풀자

풀자 풀자 덕석 풀자　　　　　풀자 풀자 덕석 풀자

풀자 풀자 덕석 풀자　　　　　풀자 풀자 덕석 풀자

해설

　덕석을 말거나 푸는 모습을 모의한 놀이이다. 덕석은 추위를 막기 위해 소의 등에 덮어주던 멍석과 비슷한 물건이라고도 하고 곡식을 말릴 때 깔던 짚으로 만든 멍석의 사투리라고도 한다. 덕석을 말아놓은 모양, 그리고 풀어나가는 모양을 흉내 낸 것이 덕석몰기와 덕석풀기이다. 덕석몰기는 3소박 4박의 자진모리장단에 맞으며, 1장단을 주고 1장단을 받으며 메기고 받는 소리가 가사와 선율이 그대로 반복되므로 복창형태로 볼 수 있다. 육자배기토리이나 빠른 곡이므로 꺾는 시김새가 사용되지 않아 '미라도'만 사용된다.

동작

　덕석몰기는 둥근 원을 깨고 선두가 원 안으로 돌아 들어가면서 덕석 말은 모양으로 좁혀가는 놀이이다. 비가 오니까 덕석을 말아야 한다는 가사를 부르면서 덕석을 말아간다. 곡식을 말리다가 비가 오면 덕석을 얼른 말아서 비를 피하게 하는 행위를 모방한 것이다.

덕석풀기는 비가 그치고 볕이 다시 나니 덕석을 풀어 곡식을 말리자는 내용과 동작의 놀이이다. 덕석몰기를 할 때 원을 많이 좁혀버린 경우에는 그대로 풀기를 할 수 없기 때문에 뒷걸음을 쳐서 원을 느슨하게 만든 후에 덕석풀기를 하기도 한다.

1. 기와밟기의 일렬 형태를 다시 원으로 만든다.

2. 선두가 원 안으로 달팽이모양을 그리면서 감아 들어간다.

3. 선두가 반대 방향으로 다시 빠져 나오면 덕석풀기가 된다.

4. 풀어져서 나오자 마자 다시 방향을 바꾸어 반시계 방향이 되도록 한다. 모두 빠져나온 후에 다시 원을 만들어 돈다.

9. 꼬리따기

꼬 리 따 기

메기는 소리		받는 소리

〈꼬리따기〉

진주 새끼[54] 찔룩 잘룩 가사리 벗이여   진주 새끼 찔룩 잘룩 가사리 벗이여

진주 새끼 찔룩 잘룩 가사리 벗이여   진주 새끼 찔룩 잘룩 가사리 벗이여

꼬리 따세! 자! 위!

꼬리따세! 자! 위~~ 잡었다!

♩·= 80

<메기는소리>

잡었네 잡었—네 진끼새끼를잡었네

콩한나퐅한나땜—겠더—니콩차두퐅차두되—었네

<받는소리

잡었네 잡었—네 진주새끼를잡었네

콩한나퐅하나땜—겠더—니콩차두퐅차두되었네

---

54   진주새끼 → 진쥐새끼 : 들쥐.

가사

메기는 소리	잡었네 잡었네 진주새끼를 잡었네 콩한나 퐅한나 땡겠더니 콩차두 퐅차두 되었네[55]
받는 소리	잡었네 잡었네 진주새끼를 잡었네 콩한나 퐅한나 땡겠더니 콩차두 퐅차두 되었네
메기는 소리	콩콩 전라도 진주새끼를 잡었네 콩한나 퐅한나 땡겠더니 콩차두 퐅차두 되었네
받는 소리	잡었네 잡었네 진주새끼를 잡었네 콩한나 퐅한나 땡겠더니 콩차두 퐅차두 되었네

---

55 콩한나 ~ 되었네 : 콩 하나 팥 하나 던졌더니 콩자루 팥자루 되었네.

긴 대열의 끝 사람을 떼어 내는 놀이이다. 쥐를 잡는 것을 모의한 것이다. 농사를 망치고 곡식을 훔쳐먹는 쥐를 잡음으로써 풍년에 더 가까워질 수 있음을 노래한다. 꼬리를 잡은 직후에는 '잡았네 잡았네'로 시작하는 풍요의 노래를 한다.

꼬리따기에는 두 가지 노래가 불린다. 첫 번째 곡은 꼬리잡기를 위한 준비과정에 불리는 노래이며 3소박 4박의 자진모리장단에 맞는다. 2장단을 메기고 2장단을 받는데 메기고 받는 가사가 동일한 것이어서 복창형태로 되어 있다. 빠르게부르는 만큼 시김새가 사용되지 않는 '미라도' 3음을 사용하고 있다.

이후 '꼬리따세!'를 외치면 위~! 하는 소리를 내면서 꼬리를 잡는 놀이가 시작되고 꼬리를 잡은 후에 두 번째 곡을 노래한다. 두 번째 곡은 속도가 조금 느린 중중모리장단에 맞는다. 두 번째 곡은 4장단을 메기고 4장단을 받는데, 선율의 구조가 〈고사리꺾기〉와 유사하다. 첫 번째 곡보다 좀 더 느려진 두 번째 곡은 '미라도-도시라미'를 사용하는 육자배기토리이나 시김새가 두드러지지 않는다.

'진주새끼 찔룩잘룩 가사리 벗이여'를 반복하여 부르면서 꼬리따기할 준비를하는 부분이며, 이어 '꼬리따세!'를 외치면 '위! 위!'라는 소리를 내며 선두에 선사람이 줄의 맨 끝에 선 사람을 잡기 위해 쫓는 놀이가 시작된다.

1. 첫 번째 곡을 부르면서 양쪽에 일렬로 선다.

2. 꼬리따세! 자!의 구호에 따라 엎드려 앞 사람을 잡는다.

3. 위! 위! 소리를 내면서 선두가 꼬리를 잡으러 다닌다.

4. 방향을 이리 저리 틀어서 꼬리와 가까워지도록 한다.

5. 꼬리를 잡으면 '잡았다~!'하고 소리친다.

6. 두 번째 노래를 부르면서 선두가 놀이꾼 한 사람을 무동태워 춤추게 한다.

7. 양쪽에 한 사람씩 무동이 춤을 춘다.

8. 다시 원래 상태로 정렬한다.

10. 대문열기

대문열기

♩. = 96 실음 6도 아래

채보 : 김혜정

<메기는소리>

문 지 기 문 지 기 문 열 어 주 ― 소 열 쇠 없 어 못 열 겠 네

<받는소리>

문 지 기 문 지 기 문 열 어 주 ― 소 열 쇠 없 어 못 열 겠 네

| 메기는 소리 | 받는 소리 |

〈대문열기〉

문지기 문지기 문 열어주소   열쇠 없어 못 열겠네
문지기 문지기 문 열어주소   열쇠 없어 못 열겠네
문지기 문지기 문 열어주소   열쇠 없어 못 열겠네
문지기 문지기 문 열어주소   열쇠 없어 못 열겠네
문지기 문지기 문 열어주소   열쇠 없어 못 열겠네

두 사람이 문을 만들고 나머지 사람들이 그 문을 지나가도록 하는 놀이이다. 대문열기는 3소박 4박의 자진모리장단에 맞는다. 1장단을 주고 1장단을 받으며, 문답식으로 노래한다. '미라도' 3음만 사용하며 시김새는 없다.

두 사람이 손을 위로 뻗어 대문을 만들면 나머지 사람들이 엎드린 상태로 문을 통과하는 놀이이다. 통과한 이후에 다시 하나의 열이되어 춤을 추며 돈다. 세부 동작은 아래와 같다.

1. 선두에 선 두 사람이 손을 맞잡아 대문을 만들고 나머지 사람들은 그 사이를 통과한다.

2. 문을 통과한 선두가 일어나서 춤을 추면서 놀이꾼들을 이끈다.

3. 다 통과한 후에는 대문을 만들었던 두 사람도 꼬리에 붙는다.

4. 각각의 대열이 노래가 끝날 때까지 춤추며 돌아 다닌다.

11. 가마타기

가마타기

가 마 타 세 ! 자 ! 위 ! 위 !
가 마 띠 세 ! 자 !

가사

| 메기는 소리 | 받는 소리 |

〈가마타기〉

메기는 소리	받는 소리
가마타세!	자! 위! 위!
가마띠세!	자!
오동추여 달은 밝고 위위	에헤헤 에헤헤 어허허 허 어허허 위위
임의 생각 절로 난다 위위	에헤헤 에헤헤 어허허 허 어허허 위위
굵은 독[56]은 넘어 딛고	암은 그렇제
잔잔 독[57]은 넘어가세	암은 그렇제
쉬어가세!	자!

---

56 굵은 돌
57 자잘한 돌

　가마타기는 해남지역에서만 전승되고 있는 독특한 놀이이다. 시집가기 전 여자 아이들이 시집갈 때 상황을 놀이화하여 가마타기를 놀았다고 한다. 손으로 가마를 만들어 태우고 가면서 실제 가마꾼들이 불렀던 권마성 가락을 흉내 낸 노래를 부르는 놀이이다. 가마타세와 가마띠세, 쉬어가세와 같은 구호들이 계속 등장하고 굵은 독과 잔잔 독과 같은 지형지물에 대한 정보들을 가사로 노래하고 있다.

　악곡에 사용된 음은 '미솔라도레미'이지만 '솔라도레미'의 음계와 '미라도'의 음계가 섞인 것으로 보인다. 메기고 받는 소리가 각각 4장단으로 이루어져 있는데, 이 가운데 앞 세 장단에서는 '솔라도레미' 음계만 사용되고 있으며, 마지막 한 장단에서 '미라도'의 음계가 사용되고 있다. '솔라도레미' 음계는 남부경토리라 불리는 남도화된 경토리이며, '미라도'음계는 전라남도의 대표적인 토리인 육자배기토리의 단순형으로 볼 수 있다. 3소박 4박자에 해당하며 구호 부분을 제외하면 4장단으로 메기고 받는다. 구호 부분은 장단이나 박자구조가 정확하지 않다.

동작

　가마타기는 세 사람이 하나의 조를 이루어 진행된다. 두 사람이 손가마를 만들면 한 사람이 그 위에 올라타게 된다. 세부적인 동작은 다음과 같다.

1. 가마타세! 자! 에 맞추어 대열을 만든다.

2. 위! 위!에 맞추어 앉는다.

3. 가마띠세!에 맞추어 일어선다.	4. 노래를 부르면서 천천히 이동한다.
5. 앞으로 모두 모인다.	6. 쉬어가세! 자! 에 맞추어 내려온다.

12. 술래

악보

술래

동 네 방 네 상 부 자 는 술 — 래

도 둑 이 들 — 까 수 심 이 요 술 — 래

삼 대 독 자 외 아 들 은 술 — 래

점점 느리게

병 — 이 날 — 까 — 수 심 이 요 술 — 래

가사

| 메기는 소리 | 받는 소리 |

〈술래〉

술래	술래
술래 술래가 술래야	술래
엄매를 기려서[58] 김상사	술래

---

58 그리워 해서

이모를 기려서 모초단	술래
쟁인 장모 강호단	술래
처남 남매 맹호단[59]	술래
고부 고부 머릿고부[60]	술래
고부나 칭칭 냉겨서	술래
잘잘이 짚새기	술래
발이나 벗고도 더 좋네	술래
강원도 비단은 모시비단	술래
충청도 비단은 꼽샌추[61]	술래
이 비단 저 비단 다 해도	술래
연초 모초가[62] 상일레라	술래
높은 나무 앉은 새는	술래
바람이 불까 수심이오	술래
물꼬 밑에 꼽사리[63]는	술래
가뭄이 들까 수심이오	술래
동네 방네 상부자는	술래
도둑이 들까 수심이오	술래
삼대독자 외아들은	술래
병이 날까 수심이오	술래

---

59 길상사, 모초단, 강호단, 맹호단은 비단의 이름.
60 머릿고부 : 머리를 땋아서 생긴 굽이.
61 꼽샌추 : 얇은 비단의 일종.
62 연초모초 : 얇은 비단의 일종.
63 꼽사리 : 물꼬에 사는 민물고기.

『한국민요대전-전라남도편』 중 박양애 창 술래

연지야 밝아라 베슬가자[64]	술래
사람의 손발을 아니라도	술래
가는 부모는 내 못 잡어	술래
저 달은 둥실 높이 떠	술래
장부 심간[65]을 다 녹인다	술래
빤 듯 빤 듯 솔나무는	술래
지둥감이로 다 뽑히고	술래
반 듯 반 듯 청년들	술래
군인감이로 다 뽑히네	술래
외 외강목[66] 접저구리	술래
나비단[67] 끝동[68]을 달고요	술래
지름 머리를 단장해	술래
행수내만[69] 나노라	술래
이 산 저 산 도라지꽃	술래
바람에 살짝 날리고요	술래
꼬치장[70] 단지도 닐리리	술래
간장 단지도 닐리리	술래

---

64 벼슬하러 가자
65 심간(心肝) : 심장과 간장. 마음 속.
66 외강목 → 옥양목(玉洋木).
67 나비단 : 남비단. 남색 비단.
68 끝동 : 옷소매의 끝에 색이 있는 천으로 따로 이어서 댄 동.
69 행수내 → 향수내(香水-).
70 고추장

니가 내 사랑 아니냐   술래

『전남의 민요』(국립문화재연구소) 중 김금자 창 술래
달과 달아 보름달아   술래
가래달 같이 서렸던가   술래
남의 부모 선산에는   술래
벌초하러 가시는데   술래
우리 부모 선산에는   술래
어느 누가 가리요   술래

해설

술래는 강강술래의 마무리에 불리는 노래이다. 3소박 4박자 자진모리 1장단을 메기고, 3소박 4박자 2박으로 받는다. 자진강강술래와 속도와 음악적 특징이 유사하지만 받는소리가 2박이 줄어든 2박만 노래하기 때문에 속도감이 훨씬 빨라진다.

동작

원무를 돌다가 선두가 앞 사람 손을 놓고 좌우로 방향을 바꾸어 가면서 놀이꾼들을 이끌고 퇴장을 한다.

3장

우수영 강강술래의
교육과 전승

제3장
우수영 강강술래의 교육과 전승

　우수영 강강술래는 노래와 놀이 모두 쉽고 자연스럽다. 음악적으로 어렵지 않아 따라 부르기 쉽고 놀이 또한 복잡하지 않아 누구나 쉽게 따라 할 수 있다. 음악과 놀이의 단순함과 간결함은 대중에게 쉽게 다가가고 대중의 사랑을 받을 수 있는 장점으로 작용한다. 하지만 바라보는 시각에 따라 재미없고 지루하다는 인상을 줄 수 있다.

　우수영 강강술래의 이러한 특징은 누구든 쉽게 놀이판에 참여하여 즐길 수 있게 하는 강력한 무기가 될 수 있다. 우수영 강강술래의 역동성을 살리고 대중화, 활성화하기 위해 새로운 시각으로 바라보며 다양한 시도가 이루어져야 한다.

　역동적이고 신명나는 강강술래가 되도록 교육 방안을 제시하기에 앞서 먼저 초등학교를 중심으로 학교교육에서는 강강술래를 어떻게 다루고 가르치는지 알아보겠다. 이어 생활문화로 즐기는 강강술래가 되도록 현장에서 강강술래 교육이 어떻게 이루어질 수 있는지 살펴보고 마지막으로 우수영 강강술래의 특성을 반영한 교육 방안을 제안해 보겠다.

1. 학교에서 배우는 강강술래

1) 강강술래와 성취기준

강강술래는 현재 초등교육 3~5학년의 음악교과와 1, 2학년의 통합교과에서 다루고 있다. 이는 국가 교육과정의 음악과와 통합교과의 성취기준에 근거한 것이다. 성취기준이란 학생들이 교과를 통해 배워야 할 내용과 이를 통해 수업 후 할수 있거나 할 수 있기를 기대하는 능력을 결합하여 나타낸 수업 활동의 기준이다.[71] 즉, 교과의 지식, 기능 및 태도를 담고 있으며, 학습의 결과로 학생들이 할수 있어야 할 것을 의미한다.[72] 다음의 〈표 7〉은 두 교과의 성취기준 중에서 강강술래와 관련지을 수 있는 성취기준을 선정한 것이다. 음악과 교육과정에는 성취기준과 함께 다루어야할 음악 요소와 개념을 따로 제시하고 있다. 〈표 8〉은 강강술래와 관련 있는 음악 요소와 개념이다.

〈표 7〉 2015 개정 교육과정 강강술래 관련 성취기준

교과	영역	성취기준
즐거운 생활	학교	[2즐01-01][73] 친구와 친해질 수 있는 놀이를 한다. [2즐01-03] 나의 몸을 창의적으로 표현하고, 활발하게 움직일 수 있는 놀이를 한다.
	봄	[2즐02-04] 여러 가지 놀이나 게임을 하면서 봄나들이를 즐긴다.
	여름	[2즐04-04] 여름에 할 수 있는 여러 가지 놀이를 한다.
	마을	[2즐05-01] 이웃의 모습과 생활을 다양하게 표현하고 이웃과 함께 할 수 있는 놀이를 한다.
	가을	[2즐06-03] 여러 가지 민속놀이를 한다.

---

71   교육부 (2018), 초등학교 교육과정, 교육부 고시 제2018-162호[별책2].
72   교육부 (2015), 2015 개정 교육과정 총론 해설 - 초등학교.
73   성취기준의 분류 번호는 [학년-과목-영역-순서]을 의미하며 학년군 별로 제시하고 있어 1-2학년은 2로, 3-4학년은 4로, 5-6학년은 6으로 나타낸다.

즐거운 생활	나라	[2즐07-02] 남북한에서 하는 놀이를 하고, 통일을 바라는 마음을 다양하게 표현한다.
	겨울	[2즐08-03] 동물 흉내 내기 놀이를 한다.
음악	표현	[4,6음01-01] 악곡의 특징을 이해하며 노래 부르거나 악기로 연주한다. [4,6음01-02] 악곡에 어울리는 신체표현을 한다. [4,6음01-03] 제재곡의 노랫말을 바꾸거나 노랫말에 맞는 말붙임새로 만든다.
	감상	[4,6음02-01] 3~4, 5~6 학년 수준의 음악 요소와 개념을 구별하여 표현한다.
	생활화	[4음03-02] 음악을 놀이에 활용해보고 느낌을 발표한다.

〈표 8〉 강강술래 관련 음악과 교육과정의 음악 요소

음악 요소	시김새(꺾는소리, 떠는소리), 말붙임새 장단(중중모리장단, 자진모리장단), 장단의 세, 장단의 한배, 한배의 변화 가창방식(선후창, 교환창, 복창, 선입후 제창)

　강강술래는 1, 2학년 통합교과[74]와 3-5학년 음악교과[75]에서 다루고 있다. 성취기준의 내용을 살펴보면 1, 2학년에서 강강술래는 놀이노래로, 3-6학년 음악교과에서는 음악적 능력을 기르기 위한 소재와 놀이노래로 다루어질 수 있음을 알 수 있다. 1, 2학년 즐거운 생활의 성취기준은 32개인데 이중, 13개가 놀이 관련 성취기준이다. 놀이 관련 13개 성취기준 중 강강술래와 관련지을 수 있는 성취기준은 7개이다. 그럼에도 불구하고 다루고 있는 전래놀이 노래 및 강강술래 놀이노래의 비중이 낮다.

　음악과 교육과정의 성취기준은 3, 4학년과 5, 6학년 각 11개씩 총 22개이다. 이중 강강술래와 관련지을 수 있는 성취기준은 9개이다. 성취기준과 함께 음악교

74　2015 개정 교육과정의 통합 교과서는 국정교과서로 학년 별로 봄, 여름, 가을, 겨울 4권 구성이다.
75　2015 개정 교육과정의 음악 교과서는 검정교과서로 3, 4학년 9종과 5, 6학년 8종이 사용되고 있다.

육에서 다루어야할 음악 요소 및 개념을 따로 제시하고 있다. 강강술래와 관련지을 수 있는 음악 요소는 시김새와 말붙임새, 장단 관련 요소와 개념, 가창방식 등이다.

즐거운 생활과 음악과에서 다루는 놀이노래는 어린이들이 친구들과 즐겁게 노래부르고 놀이를 하면서 자연스럽게 문화적 감수성을 기르고 정서적 안정감을 가질 수 있다. 이를 위해 다양한 전래 놀이노래가 발굴되어야 하고 기존의 놀이노래를 창의적으로 활용하는 개방적 자세도 필요하다. 학교 교육은 교육과정의 성취기준을 중심으로 교육활동이 이루어져야 하는 제약이 있다. 성취기준을 충족시키며 강강술래의 특성을 살릴 수 있는 다양한 자료와 창의적 활용 방법, 활용 사례 등의 정보를 제공하는 적극적인 자세가 필요하다.

2) 교과서 강강술래 수록 상황

초등학교에서 사용하고 있는 교과서는 국정교과서와 검정교과서로 구분된다. 1, 2학년은 교육부에서 직접 편찬하는 국정교과서를 사용하고 있고 3~6학년은 국어, 수학, 사회, 과학은 국정교과서를 그 외 교과서는 출판사에서 집필하고 교육부의 심사과정을 통과한 검정교과서를 사용하고 있다. 1, 2학년은 음악, 미술, 체육이 통합된 교과로 즐거운 생활이라 칭하는데 교과서는 다른 통합교과인 바른생활과 슬기로운 생활과 통합하여 만든 것을 사용하고 있다. 다음 〈표 9〉는 2015 개정 교육과정 교과서에 수록된 강강술래 악곡이다. 악곡명과 함께 제시한 ( ) 안의 숫자는 악곡이 수록된 교과서 수이다.

〈표 9〉 2015 개정 교육과정 교과서 강강술래 수록 악곡

1, 2학년 통합교과서	3학년 음악교과서	4학년 음악교과서	5학년 음악교과서	6학년 음악교과서
남생아 놀아라 대문열기	남생아 놀아라(해1) 남생아 놀아라(진4) 대문열기(2)	중강강술래(6) 자진강강술래(6) 개고리개골청(8)	고사리꺾기(5) 청어엮기(2) 바늘귀끼기(1)	

덕석몰기(2) 손치기발치기(2) 개고리개골청(1) 밭갈이(1) 고사리꺾기(1)	덕석몰기(1) 청어엮기(2)		

〈표 9〉를 보면 강강술래는 1, 2학년 통합교과 교과서에는 남생아 놀아라와 대문열기 두 곡만을 수록하고 있고 3, 4학년의 음악교과에서 비중 있게 다루고 있음을 알 수 있다. 악곡 중 개고리개골청, 중·자진강강술래, 고사리꺾기, 남생아 놀아라는 많은 교과서에 수록되었다. 특히 개고리개골청은 9종 교과서 중 8종의 교과서에서 다루고 있다. 수록 악곡 중, 진도 강강술래의 비중이 높음을 알 수 있다.

다음 〈표 10〉은 교과서에 수록된 해남 강강술래 악곡의 교육활동을 정리한 것이다.

〈표 10〉 해남 강강술래 음악교과서 수록 악곡의 교육활동

악곡	교육활동	노래	놀이	음악 요소
중강강술래 자진 강강술래	– 강강술래 알아보기 – 기본박 치며 듣고 따라 부르기 – 떠는소리, 꺾는소리 손으로 표현하며 노래 부르기 – 시김새 표현하며 듣고 따라 부르기로 노래 부르기 – 시김새 살려 메기고 받으며 노래 부르기 – 메기는 부분 가사 바꾸어 부르기 – 노래 부르며 한배에 맞추어 걷기 – 한배에 맞게 노래 부르기 – 강강술래, 자진강강술래 이어 부르며 한배 느끼기 – 메기는소리와 받는소리 구별하며 감상하기 – 자진강강술래 감상하며 장단 치기 – 강강술래 놀이 종류와 방법 알아보고 놀이하기 – 노래 부르며 강강술래 놀이하기 – 강강술래 놀이노래 찾아보고 노래 엮어 놀이하기	○	○	시김새 한배 메기고 받기 중중모리장단 자진모리장단
남생아 놀아라	– 바른 자세와 주법으로 소고 연주하기 – 다양한 방법으로 소고 연주하기 – 소고 연주하며 '남생아 놀아라' 부르기	○		자진모리장단

덕석몰기 덕석풀기	– 장단에 맞추어 노래 부르기. – 노랫말 말붙임새 대로 손뼉치며 노래 부르기 – 메기는소리와 받는소리로 나누어 부르기 – 시김새 살려 메기고 받으며 부르기 – 덕석몰기와 덕석풀기 놀이하며 노래 부르기 – 놀이하며 흥겹게 노래 부르기 – 강강술래 놀이노래 찾아보고 노래 엮어 놀이하기	○	○	주고받기 장단꼴 말붙임새 메기고 받기 시김새 한배 자진모리장단
고사리꺾기	– 듣고 따라 부르기 – 시김새 살려 부르기 – 말붙임새 익히고 시김새 살려 흥겹게 노래 부르기 – 말붙임새 익혀 장단에 맞추어 노래 부르기 – 말붙임새에 알맞은 노랫말로 바꾸어 노래 부르기 – 노랫말 바꾸어 노래 부르기 – 자진모리장단 기본박 손뼉 치며 노래 부르기 – 자진모리장단 치며 노래 부르기 – 강강술래 여러 놀이 이어 부르며 놀이하기 – 노래 부르며 놀이하기	○	○	시김새 말붙임새 자진모리장단
청어엮기 청어풀기	– 손뼉으로 기본박 치며 말붙임새에 맞게 읽기 – 장단에 맞추어 노래 부르기 – 장단에 어울리게 말붙임새 바꾸어 표현하기 – 메기고 받으며 노래 부르기 – 받는부분의 말붙임새 바꾸어 노래 부르기 – 바른 자세와 주법을 익혀 장단 연주하기 – 자진모리장단 구음 익히고 노래 맞추어 장단치기 – 장단꼴 바꾸어 연주하기 – 장구로 장단 연주하며 노래 부르기 – 받는소리에 어울리게 장단꼴 바꾸어 연주하기 – 노래 부르며 놀이하기 – 노래 맞추어 신체표현하고 느낌 이야기하기	○	○	자진모리장단 말붙임새 메기고 받기 장단꼴
대문열기	– 메기고 받으며 노래 부르기 – 노래 부르며 놀이하기 – 놀이 선택하여 노래 부르며 놀이하기	○	○	메기고 받기
꼬리따기	– 노래 부르며 놀이하기		○	

　　교과서에 제시된 주요 활동은 음악 요소를 익히고 표현하기 위한 노래 부르기 활동, 자진모리장단 익히기 위한 활동, 노래 부르며 놀이하기 활동이다. 세 가지 활동 중 음악 요소를 익히고 표현하는 노래 부르기 활동의 비중이 높으며 다루는 음악 요소는 시김새, 한배, 장단, 말붙임새, 메기고 받기 등이다.

3) 음악교과서 속 강강술래 놀이 모습

음악교과서에 강강술래 놀이에 대한 정보는 한 두 컷의 그림으로 주는 것이 일반적이다. 교과서에 따라 말풍선에 놀이방법을 설명해 주고 있다. 교과서에서 놀이를 어떻게 다루고 있는지 놀이별로 살펴보면 아래와 같다.

(1) 강강술래

강강술래는 손을 잡고 원을 그리며 반 시계 방향으로 걷고 뛴다. 놀이 방법이 간단하기에 세 교과서 모두 한 컷의 그림으로 나타내고 놀이 방법에 대한 정보를 간단하게 주고 있다. 미래앤 교과서는 오금을 주며 걷다가 자진강강술래에 가볍게 뛴다는 내용을 말 주머니에 제시하고 음악과생활 교과서는 그림에 도는 방향을 나타내 주고 노래에 맞추어 고갯짓을 하며 돈다는 정보를 주고 있다. 와이비엠 교과서는 손잡는 방법과 발 딛는 방법을 그림으로 보여주고 있다.

4 노래를 부르며 강강술래 놀이를 해 봅시다.

'강강술래'는 오금을 주며 천천히 걷듯이 돌고, '자진강강술래'는 점점 빨라지며 가볍게 뜁니다.

미래앤 4학년

2 '자진강강술래'에 맞추어 뛰면서 둥글게 돌아 봅시다.

→ '자진강강술래'에 맞추어 고갯짓하며 손잡고 돌기

음악과생활 4학년

3 모둠별로 노래를 부르며 강강술래 놀이를 해 봅시다.

한뼈를 느끼며
강강술래 놀이를
해 보아요.

손잡기

발 딛기

와이비엠 4학년

(2) 남생아 놀아라

　해남 우수영의 남생아 놀아라는 한 교과서에서만 다루고 있다. 그림과 함께 말주머니를 이용하여 놀이 방법을 설명해주고 있다.

4 친구들과 함께 '남생아 놀아라' 놀이를 해 봅시다. 음악과 체육의 만남

손을 잡고 원을
만들어 빙글빙글 돌면서
노래를 불러요.

'촐래 촐래가 잘 논다'
부분에서 두 사람씩
원 안으로 들어가서
재미있게 춤을 추고
나와요.

음악과생활 3학년

(3) 청어엮기와 청어풀기

청어엮기와 청어풀기는 각각 한 컷짜리 그림만으로 제시하고 있다. 놀이 방법
이 쉽지 않은 놀이인데 설명은 따로 제시하지 않고 있다. 두 교과서 모두 뒤쪽부
터 엮는 모습으로 제시하고 있다.

(4) 고사리꺾자

고사리꺾자는 두 교과서 모두 한 컷짜리 그림으로 제시하고 놀이 방법을 설명으로 자세하게 제시하고 있다.

3 친구들과 함께 '고사리꺾자' 노래에 알맞은 놀이를 해 봅시다.

고사리꺾기 놀이는 '강강술래'에 나오는 놀이 중 하나예요.

놀이 방법

❶ 맨 앞사람이 일어나 두 번째와 세 번째 사람 사이를 지나며 손을 끊어요.

❷ 맨 앞사람이 차례대로 잡은 손을 끊으면서 모두가 일어날 때까지 반복해요.

스스로 척척
• 말붙임새에 알맞은 노랫말로 바꾸어 노래 부를 수 있나요?

와이비엠 5학년

천재교육 5학년

3 '고사리꺾자'를 부르며 놀이를 해 봅시다.

놀이 방법

① 1번 학생과 2번 학생은 손을 잡고 일어나 3번과 4번 학생이 서로 잡은 손을 끊고 지나갑니다.

② 3번 학생은 2번 학생의 뒤를 따라 반시계 방향으로 돌면서 일어나 4번 학생과 끊어졌던 손을 다시 잡습니다.

③ 같은 방법으로 1번 학생은 4번과 5번 학생이 잡은 손 사이를 지나갑니다.

(5) 강강술래 통합놀이

강강술래는 개별 악곡 별로 다루는 것을 넘어 전체를 경험할 수 있도록 통합적으로 다루어야 한다. 강강술래 통합놀이는 4학년 9종의 검정 교과서 중, 5종의 교과서와 5학년 8종의 검정 교과서 중 한 교과서에서 다루고 있다.

천재교과서는 통합놀이의 놀이 순서를 고정하여 제시하고 있다. 그림 한 컷으로 놀이를 나타내고 원 만들기부터 시작하여 강강술래 → 자진강강술래 → 남생아 놀아라 → 개고리개골청 → 청어엮기 → 덕석몰기 → 자진강강술래 → 강강술래 순으로 강강술래 전체를 해보도록 하고 있다.

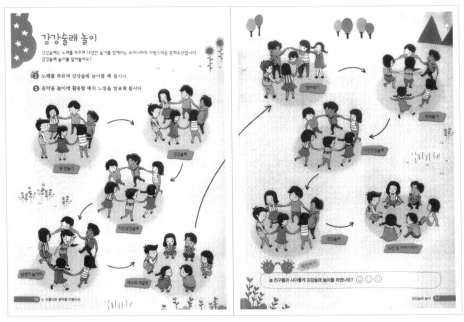

천재교과서 4학년

미래앤 교과서는 천재교과서와 같이 놀이 순서를 고정하여 제시하고 있다. 그러

면서 활동으로 직접 구성하여 해볼 것을 제시하고 있다. 놀이 순서는 강강술래 →
자진강강술래 → 남생아 놀아라 → 개고리개골청 → 청어엮기 → 고사리꺾기 →
덕석몰기 → 손치기발치기 → 기와밟기 → 문지기 → 꼬리따기 → 강강술래이다.

　　놀이와 놀이를 이어 주는 놀이로 자진강강술래의 쓰임을 설명해 주고 상황에
따라 몇 가지 놀이만 선택하여 할 수 있다는 정보도 주고 있다. 주어진 방식대로
전체를 해보는 것으로 끝나지 않고 자유롭게 구성하여 해볼 수 있도록 열어 놓
고 있다.

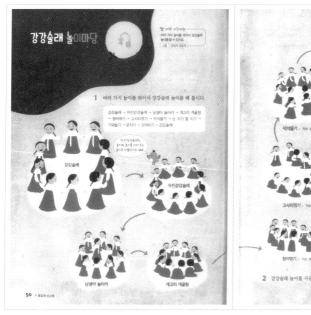

미래앤 5학년

　　비상교육 교과서는 놀이를 직접 구성해 볼 수 있도록 열어놓고 있다. 비상교육
은 남생아 놀아라, 개고리개골청, 고사리꺾기, 대문놀이, 덕석몰기, 덕석풀기의 놀
이 모습을 그림으로 나타내고 자유롭게 엮어서 해보라고 제시하고 있다. 놀이 구

성 방법으로 강강술래와 → 자진강강술래 → (예, 남생아 놀아라 → 덕석몰기 → 고사리꺾기 → 대문놀이) → 강강술래의 틀을 주고 놀이 사이 원을 만들 때 자진강강술래 놀이를 한다는 구성 힌트를 주고 있다.

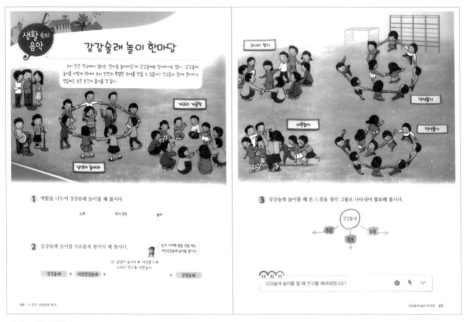

비상교육 4학년

　　천재교육 교과서는 '뛰어 보세 뛰어나 보세'를 주제로 강강술래 놀이 해보기를 다루면서 자진강강술래와 덕석몰기와 풀기 악곡을 먼저 다루도록 하고 있다. 그런 다음 강강술래의 여러 가지 노래를 엮어 놀이를 해보도록 하면서 처음과 끝에 자진강강술래를 하도록 하고 가운데에 놀이를 선택하여서 하도록 열어 놓고 있다. 놀이 사이에 자진강강술래 노래 일부를 부를 수 있다고 구성 힌트를 주고 있다.

2. 현장에서 배우는 강강술래

강강술래는 많은 사람이 함께 즐길 수 있는 대동놀이로 활용하기 좋은 소재이다. 특별한 도구가 필요하지 않고 놀이 공간과 음향 시설 정도만 갖추어지면 가능하다. 마을축제, 운동회, 공동체 단합 대회 등의 현장에서 강강술래로 신명을 발산하며 마음을 하나로 모으고 나눌 수 있다. 현장의 강강술래는 교과의 교육 목적을 위한 학교 교육과 다른 접근이 필요하다. 누구나 참여하여 신명 나게 노는 신명풀이 놀이판이 되도록 하는 데 중점을 두어야 한다.

매년 추석 때 마을 강강술래 축제를 하는 수원 칠보산마을의 '한가위 강강술래 한마당'의 사례를 통해 생활 속에서 즐기는 강강술래 놀이판을 어떻게 만드는지 살펴보겠다.

1) 강강술래 놀이판 준비하기

강강술래 놀이판의 준비과정에서 먼저 생각해야 할 점은 놀이 참여자의 특성, 규모, 공간 등이다. 강강술래 참여 대상의 연령대가 고른지 아니면 남녀노소 혼

합인지 파악한다. 참여 대상의 성격에 따라 선택할 수 있는 놀이가 달라지며 놀이 진행 방식도 달라질 수 있다. 40~50명이 원을 만드는 것을 기준으로 참여 대상자의 규모가 어느 정도인지 알아보고 규모에 맞는 공간을 확보해야 한다.

(1) 놀이 선택하기

참여자의 특성과 규모가 파악되면 두 번째로 놀이를 선택해야 한다. 참여 대상이 청소년이나 어른일 때는 놀이 선택에 제약이 없다. 어린 어린이나 남녀노소 혼합일 경우 쉽게 할 수 있는 놀이를 중심으로 선택해야 한다. 다음은 악곡별로 노래와 놀이의 난이도, 놀이의 위험 정도를 나타낸 것이다. 어려운 정도를 ☆의 개수로 나타낸다.

〈표 11〉 악곡별 노래와 놀이의 난이도

악곡명 \ 내용	노래 부르기	놀이하기	위험
		☆	
자진강강술래	☆☆	☆	☆
남생아 놀아라	☆	☆	
고사리꺾기	☆☆	☆☆	
청어엮기·청어풀기	☆	☆☆☆	
지와밟기	☆☆	☆☆☆	☆☆
덕석몰기·덕석풀기	☆	☆	
문쥐새끼, 문쥐새끼잡기	☆☆	☆☆	
꼬리따기		☆☆	☆☆☆
대문열기	☆	☆	
가마타기	☆☆☆	☆☆☆	☆☆

마을의 강강술래 축제는 추석을 앞두고 마을 가운데 있는 초등학교 운동장에

서 이루어진다. 어린이집, 유치원의 어린이부터 초등학생, 청소년, 70대 성인까지 참여자의 연령대가 다양하고 크고 작은 원이 10개 이상 만들어진다. 따라서 놀이는 쉽게 할 수 있는 것을 중심으로 반복할 수 있도록 구성한다. 〈표 12〉는 2019년 9월 8일에 있었던 강강술래의 구성이다. 해남 우수영의 중강강술래, 자진강술래, 술래, 남생아 놀아라, 덕석몰기와 덕석풀기, 대문열기, 고사리꺾기, 꼬리따기와 진도의 손치기발치기로 구성하였다. 마을 사람들이 재미있어하는 대문놀이, 남생아 놀아라는 반복하고 놀이와 놀이 사이 자진강강술래를 불러 자연스럽게 연결되도록 하였다.

〈표 12〉 마을 강강술래 구성 예

중강강술래 – 자진강강술래 – 남생아 놀아라 – 자진강강술래 – 덕석몰기 – 자진강강술래 – 대문열기 – 자진강강술래 – 고사리꺾기 – 대문열기 – 꼬리따기 – 자진강강술래 – 남생아 놀아라 – 손치기발치기 – 자진강강술래 – 술래

2) 강강술래 익히기

강강술래를 하기 위해서 원에서 강강술래 진행을 돕고 이끌어주는 역할을 하는 이끎이가 필요하다. 소리와 이끎이 할 사람들이 모여 연습을 하는데 놀이와 노래를 함께 다룬다. 노래와 놀이를 분리하여 노래 먼저 배우고 놀이 따로 익히는 것이 아니라 처음부터 놀이하며 같이 노래를 부른다. 소리하는 사람도 이끎이와 함께 놀이를 같이한다.

다음은 연습 과정에서 놀이를 하며 강강술래와 놀이노래를 익히는 과정이다.

(1) 강강술래

손을 잡고 원을 만들어 돌며 선창자가 부르는 소리를 그대로 따라 부르게 한다. 먼저 받는소리인 '강강술래'를 반복하여 부르며 기본 발디딤이 익숙해지게

한다. 강강술래의 빠르기는 자연스럽게 걸을 수 있는 정도로 하며 받는소리와 기본 발디딤에 익숙해지면 메기는소리를 그대로 따라 부르게 한다. 메기는소리를 따라 부르며 느낌을 살려 걸을 수 있도록 한다. 메기는소리의 가락에 익숙해지면 역할을 나누어 메기고 받으며 걷고 뛰기를 한다. 빠르기에 변화를 주어 빠르기에 어울리게 움직일 수 있도록 한다.

다음은 메기고 받는 신후창 방식으로 부르는 원무곡인 강강술래, 자진강강술래, 술래의 노래와 놀이를 익히는 과정이다.

(2) 놀이노래

해남 우수영 강강술래의 놀이노래 중에는 짧은 곡이 많다. 남생이놀아라, 덕석몰기와 덕석풀기, 대문열기, 청어엮기와 청어풀기는 모두 2장단으로 이루어진 곡이다. 가락도 단순하여 쉽게 따라 부를 수 있다. 남생이놀아라, 덕석몰기와 덕석풀기, 대문열기와 같이 쉽게 따라 할 수 있는 놀이는 한 장단씩 그대로 따라 부르는 복창 방식으로 부르며 놀이를 하다가 익숙해지면 두 패로 나누어 부르도록 한다.

고사리꺾기는 4장단씩 메기고 받는 선후창 방식으로 부른다. 강강술래와 같이 받는소리부터 먼저 부르는데 놀이를 하며 한 장단씩 따라 부르기를 먼저 한 후 두 장단씩 따라 부르고 익숙해지면 받는소리 전체 네 장단을 따라 부르게 한다. 그런 다음 메기는 소리도 한 장단, 두 장단, 네 장단으로 나누어 따라 부르기로 익힌 후 역할을 나누어 메기고 받으며 부른다.

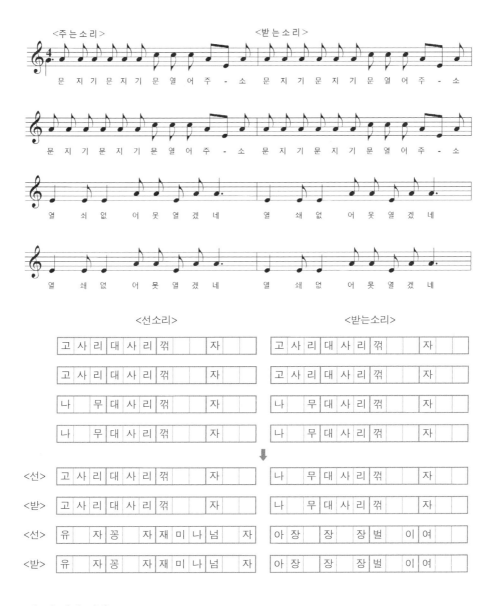

놀이 진행 방법

다양한 사람들이 모인 놀이판에서는 강강술래가 공연에서처럼 세련되고 매끄럽게 이루어질 수 없다. 강강술래를 모르는 사람들이 많이 모인 원이 있고 어린

어린이들이 많은 원도 있으며 에너지 넘치는 청소년이 많이 모인 원도 있다. 또한 원마다 인원도 달라 놀이 진행 속도도 차이가 날 수 밖에 없다. 이러한 놀이판의 특징을 고려하여 놀이 진행하며 자진강강술래를 많이 부른다. 이는 놀이를 끝내지 못한 원은 놀이를 계속할 수 있는 시간이 되고 놀이를 끝낸 원은 다음 놀이를 준비하는 시간이 된다. 자진강강술래이지만 빠르기는 상황에 따라 조금 느리게 부르기도 하고 빠르게 부르기도 한다.

다음은 자연스러운 놀이진행을 위해 사용할 수 있는 방법인 가사로 지시하기, 자진강강술래로 놀이 연결하기이다.

(3) 가사로 지시하기

가사로 지시하기는 놀이 진행을 위해 지시하는 말을 가사로 만들어 부르는 방법이다. 놀이 방법이나 진행에 대해 설명하기 위해 놀이를 멈추면 놀이의 흥이 깨진다. 놀이 참여를 권하고 준비를 시켜야 할 때, 놀이 방법을 알려주어야 할 때 적절하다.

다음은 시작할 때 가사를 다음과 같이 바꾸어 중강강술래로 부를 수 있다.

강강술래	강강술래
어화동네 사람들아	강강술래
강강술래 시작하니	강강술래
모두나와 손맞잡고	강강술래
강강술래 함께하세	강강술래
강강술래 모른다고	강강술래
걱정들 마시고	강강술래
앞뒤사람 손맞잡고	강강술래
둥글둥글 원만들어	강강술래

노래소리 발맞추어	강강술래
덩실덩실 걸어봐요	강강술래
강강술래 어렵지않아	강강술래
앞 사람 하는대로	강강술래
따라하면 된다오	강강술래

다음은 대문열기의 놀이방법을 알려주기 위해 부르는 가사이다. 두 사람이 만든 대문을 통과하여 이어서 둘씩 계속 대문을 만드는 방법으로 바꾸어 하는 대문열기이다.

문지기 문지기 문열어주소	열쇠없어 못열겠네
이어 대문을 만들어라	열쇠없어 못열겠네
이어 대문을 만들어라	열쇠없어 못열겠네

다음은 남생아 놀아라를 하고 둘씩 짝을 이루어 하는 손치기발치기를 이어 할 때 부르는 가사 바꾼 남생아 놀아라이다.

남생아 놀아라	촐래촐래가 잘논다
손뼉치며 놀아라	촐래촐래가 잘논다
쿵쿵뛰며 놀아라	촐래촐래가 잘논다
빙빙돌며 놀아라	촐래촐래가 잘논다
함성지르며 놀아라	촐래촐래가 잘논다
둘씩 손잡고 놀아라	촐래촐래가 잘논다

(4) 자진강강술래로 놀이 연결하기

강강술래의 놀이 연결 방법은 세 가지인데 놀이와 놀이를 바로 연결하기, 선소리꾼이 "지와밟세", "꼬리따세", "가마타세"와 같이 구호 외치기, 자진강강술래로 연결하기이다. 해남 우수영 강강술래에서도 많이 활용하는 자진강강술래로 연결하는 방법은 참여하는 사람들이 놀이에 익숙하지 않을 때 자연스럽게 놀이판을 이어갈 수 있다. 또한 시간적으로 여유가 있을 때, 놀이 참여자가 할 수 있는 놀이가 적을 때도 활용하기 좋은 방식이다. 놀이를 끝내고 다음 놀이로 넘어가기 전 흩어진 대형을 원으로 만들며 다음 놀이를 준비할 뿐만 아니라 자진강강술래의 빠르기에 변화를 주어 뛰는 재미를 충분히 느낄 수 있게 한다. 자진강강술래로 놀이 연결하기는 모든 놀이에 적용할 수 있다.

놀이판에서 자진강강술래는 자주, 많이 부르게 된다. 같은 가사를 계속 반복하면 놀이의 흥이 떨어질 수 있어 다양한 가사가 필요하다. 기존의 가사를 사용하거나 만들어야 하는데 놀이 참여자가 이해하고 공감할 수 있는 것이어야 한다. 놀이 참여자에게 가사를 만들거나 바꾸게 하는 것도 방법이다.

강강술래	강강술래
칠보산과 함께하는	강강술래
우리마을 좋을시고	강강술래
공기좋고 인심좋은	강강술래
살기좋은 우리마을	강강술래
어화동네 사람들아	강강술래
힘든일은 나눠하고	강강술래
서로돕고 정나누며	강강술래
행복하게 살아보세	강강술래
신명나게 살아보세	강강술래

3. 새롭게 만드는 강강술래

강강술래는 집단 가무형 놀이노래의 전형적 특성 중, 놀이노래와 놀이의 유동적 특성과 놀이의 재미를 살리는 교육활동에 중심을 두고 작업하려고 한다.

노랫말 바꾸어 부르기, 노랫말 만들어 부르기,

노래 바꾸기, 놀이 방법 바꾸기, 놀이 구성 바꾸기

노랫말을 바꾸고 만드는 과정은 다음과 같이 나타낼 수 있다.

1단계	2단계	3단계	4단계
단어 바꾸기 구절 바꾸기	이어 가사 만들기	주제에 맞게 가사 만들기	자유롭게 만들기

1) 노랫말을 바꾸어 불러요

(1) 고사리꺾기

고사리꺾기의 메기는 가사는 "껑자껑자 고사리 대사리 껑자 어디 고사리 껑어다가 누구 누구 반찬하세"의 형태가 반복된다. 고사리나물을 꺾어본 경험이나 먹어본 경험을 이야기해 보고 어느 산의 고사리를 꺾어 누구 반찬을 하고 싶은지 이야기를 나눈 후 메기는소리의 가사를 바꾸어 부르도록 한다.

<받> 고사리대사리껑자 나무대사리껑자 유자꽁꽁재미나넘자 아장장장벌이여

<메> 껑자껑-자 고사리대사리껑자 수양산고사리껑-어다-가 우리아배방찬하세

<메>
껑자껑자 ‖ 고사리대시리 껑자 ‖ 지리산고사리 껑어다가 ‖ 우리엄매 반찬하세
껑자껑자 ‖ 고사리대시리 껑자 ‖ 한라산고사리 껑어다가 ‖ 우리아배 반찬하세
껑자껑자 ‖ 고사리대시리 껑자 ‖ (   )고사리 껑어다가 ‖ (   ) 반찬하세
껑자껑자 ‖ 고사리대시리 껑자 ‖ (   )고사리 껑어다가 ‖ (   ) 반찬하세

(2) 남생아 놀아라

남생아 놀아라의 가사는 "누구야 놀아라 어찌어찌 잘 논다"의 형태이다. 따라서 "누구야"와 "어찌어찌"에 해당하는 단어를 바꾸어 부를 수 있다.

다음은 단어를 바꾸어 부르는 예로 놀이 참여자가 남녀노소 다양할 때 놀이에 골고루 참여하게 "누구야" 해당하는 적절한 대상으로 가사를 바꾸어 준 것이다. 놀이에 익숙하지 않은 사람들은 적극적으로 나서는 것을 어려워한다. 이럴 때 다음과 같이 가사를 바꾸어 부르면 나와 같은 입장에 있는 사람들이 참여하는 것에 용기를 얻어 적극적으로 참여하게 된다.

여		자	들	놀	아		라	
남	자	들		도	놀	아		라
어	린	이	들	놀	아		라	
엄	마	들		만	놀	아		라
				놀	아		라	

촐		래	촐	래	가	잘	논		다	
촐		래	촐	래	가	잘	논		다	
촐		래	촐	래	가	잘	논		다	
촐		래	촐	래	가	잘	논		다	
촐		래	촐	래	가	잘	논		다	

　놀이 참여자들이 서로 알고 있는 경우 다음과 같이 "누구야 놀아라" 부분의 단어를 바꾸어 부를 수 있다. 학교에서 학급 어린이들이 골고루 놀이에 참여할 수 있도록 "○○아/야 놀아라" 형태로 단어 바꾸어 부른 것이다.

단		아		야	놀	아		라	
서		원	이		도	놀	아		라
1	모	둠	친	구	들	놀	아		라
						놀	아		라

촐		래	촐	래	가	잘	논		다
촐		래	촐	래	가	잘	논		다
촐		래	촐	래	가	잘	논		다
촐		래	촐	래	가	잘	논		다

　다음은 앞과 뒤의 단어를 모두 바꾸어 부르는 예이다. 1, 2학년 통합교과의 성취기준 '동물 흉내 내기 놀이를 한다.'에 활용하기 적절한 활동이다.

오		리	처		럼	놀	아		라	
개	구	리	처		럼	놀	아		라	
나		비	처		럼	놀	아		라	
						놀	아		라	

뒤		뚱	뒤		뚱	잘	논		다	
폴		짝	폴		짝	잘	논		다	
나		폴	나		폴	잘	논		다	
						잘	논		다	

(3) 지와볿기

　지와볿기는 선창자가 "어딧골 기완가"로 물으면 받는 사람은 "어디 지와세"로 답하고 "몇닷냥 쳤는가"로 물으면 "몇 냥 쳤네"로 답하는 형태이다. 따라서 선창자의 물음에 답하는 부분의 단어를 바꾸어 부를 수 있다.

2) 노랫말을 만들어 불러요

해남 우수영 강강술래의 악곡 중 가사 만들어 부르기 적절한 곡은 메기고 받는 선후창 방식으로 부르는 긴강강술래, 중강강술래, 자진강강술래, 술래이다. 이들 곡 중 긴강강술래, 중강강술래, 자진강강술래는 음악구조가 같고 속도에서 차이가 있다. 속도에 따라 가락과 시김새에 약간의 변화가 따른다. 하지만 메기는소리의 가사는 같은 4·4조의 율격이어서 호환이 가능하다. 술래 또한 메기는소리의 가사는 동일하다. 따라서 메기는소리를 만들어 어느 곡에나 부를 수 있다.

4·4조 가사의 예와 만든 가사의 말붙임새를 보여주고 4·4조에서 벗어났을 경우 말붙임을 예로 들어준다. 가사 만들어 부르기는 편의상 정간보에 제시할 뿐 실제 지도 시, 말붙임새를 이해하고 정간보 기보 능력을 충분히 기르지 않았을 경우 오히려 가사 만들기를 제약하는 요소로 작용할 수 있다. 메기는소리의 가사 만들어 부르기는 노래 부르면서 즉흥적으로 만들어 부르도록 해야 한다. 그러기 위해서는 노래에 익숙하져야한다. 반복 가창으로 충분히 익숙해 졌을 때 자연스럽게 하고 싶은 이야기를 가락에 얹어 부를 수 있게 된다.

메기는소리의 가사 만드는 과정은 먼저 노래로 하고 싶은 이야기를 생각해 보고 간단하게 글로 나타내고 이 이야기를 노랫말의 글자 수에 맞게 바꾸어 본 후

마지막으로 노래로 불러보며 수정을 한다. 정간보 기보는 학습자의 수준을 고려하여 선택적으로 한다.

⟨가사 만들기 활동지⟩

활동 주제 : 강강술래의 메기는소리 가사 만들어 부르기

1. 기본 박을 치며 강강술래를 불러 봅시다.

강		강		술		래	
술	래	술	래	강	강	술	래
술	래	소	리	어	디	갔	다
때	만	찾	아	잘	도	온	다

강		강		술		래	
강		강		술		래	
강		강		술		래	
강		강		술		래	

2. 노래로 하고 싶은 이야기를 글로 써 봅시다.

3. 노래로 불러 보며 한 장단의 가사를 두 덩어리로 나누어 써 보고 다시 두 덩어리로 나누어 봅시다.

팔월이라	한가위 날		

4. 기본 박을 치며 노래 부르며 메기는소리의 가사를 정간보에 나타내 봅시다.

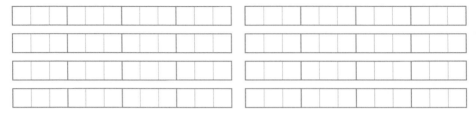

3) 노래를 바꾸어 보아요

(1) 전래동요 강강술래로 부르기

강강술래와 음악적 특징이 같은 3소박 4박의 육자배기토리 전래동요나 민요를 강강술래로 바꾸어 부를 수 있다. 다음은 전라남도 장성 지역의 '머리머리참머리'이다.

조 경 숙 채 보

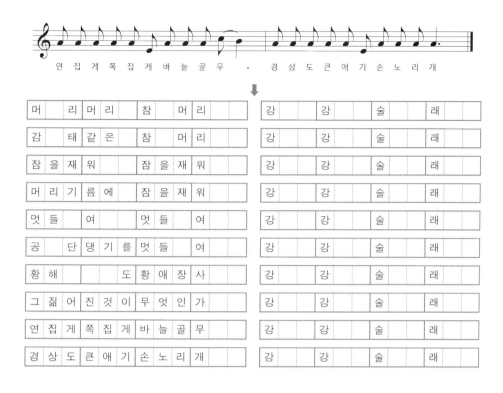

연 집 게 쭉 집 게 바 늘 골 무 - 경 상 도 큰 애 기 손 노 리 개

머	리	머	리		참		머	리			강		강		술		래	
감	태	같	은		참		머	리			강		강		술		래	
잠	을	재	워		잠	을	재	워			강		강		술		래	
머	리	기	름	에	잠	을	재	워			강		강		술		래	
멋	들		여		멋	들		여			강		강		술		래	
공		단	댕	기	를	멋	들		여		강		강		술		래	
황	해			도	황	애	장	사			강		강		술		래	
그	짊	어	진	것	이	무	엇	인	가		강		강		술		래	
연	집	게	쪽	집	게	바	늘	골	무		강		강		술		래	
경	상	도	큰	애	기	손	노	리	개		강		강		술		래	

(2) 형식 바꾸어 노래 만들기

강강술래는 한 장단 메기고 한 장단 받는데 메기는소리의 가사와 가락은 바뀌고 받는소리는 "강강술래"로 가락과 가사가 일정하다. 메기고 받는 선후창 방식으로 부르는 곡에서 받는소리를 생략하고 메기는소리를 이어 부르면 다른 노래처럼 느껴진다.

당		글	당	글		당		글	부	채	강		강		술		래	
은		도	당	글		납	도		부	채	강		강		술		래	
시	무	냥	주	고		사		신	부	채	강		강		술		래	
오		뉴	월	이		둘	이		어	도	강		강		술		래	

못	다	부	친	내	정	이	야	강		강		술		래	
못	다	부	친	내정		이	야	강		강		술		래	

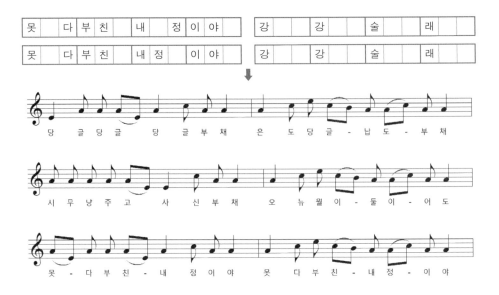

당 글 당 글 당 글 부 채 은 도 당 글 - 납 도 - 부 채

시 무 냥 주 고 사 신 부 채 오 뉴 월 이 - 둘 이 - 어 도

못 - 다 부 친 - 내 정 이 야 못 다 부 친 - 내 정 - 이 야

〈노래 만들기 활동지〉

활동 주제 : 형식 바꾸어 노래 만들기

1. 강강술래를 메기고 받으며 불러 봅시다.

하	늘	에	다	베	틀	놓	고		강		강		술		래	
구	름	잡	아	잉	애	걸	고		강		강		술		래	
참	나	무	에	버	두	집	에		강		강		술		래	
비	자	나	무	북	에	다	가		강		강		술		래	
응	그	렁	그	렁	쩡	짜	는	베	는	강		강		술		래	
언	제	다	짜	고	친	정	에	갈	까	강		강		술		래	

2. 받는소리를 생략하고 메기는소리만 이어 불러 봅시다.

3. 노래에 어울리는 제목을 붙여 봅시다.

제목 〈　　　　　　　　〉

하늘에다 베틀 놓고
구름 잡아 잉애 걸고
참나무에 버두집에
비자나무 북에다가
응그렁쩡그렁 짜는 베는
언제 다 짜고 친정에 갈까

4. 강강술래의 메기는 가사를 이용하여 노래를 만들고 불러 봅시다.

> 강강술래 가사를 조사하고 마음에 드는 가사를 고른다.

(3) 가창 방식을 바꾸어 부르기

고사리꺾기는 4장단 메기고 4장단 받는 선후창 방식의 곡이다. 메기는 가사를 바꾸며 메기고 받는 것이 기본이지만 교육 대상자에 따라 쉽게 가르쳐야 할 때가 있다. 교육 대상자가 어리거나 교육 시간이 길지 않을 때 놀이와 노래를 함께 해야 할 경우 받는소리를 중심으로 한 장단씩 주고받거나 두 장단씩 주고받는 교환창 방식으로 부르는 것이 적절하다.

다음은 고사리꺾기 한 장단씩 교환창으로 부르는 예이다.

<주>	고	사	리	대	사	리	꺾		자	
<받>	나		무	대	사	리	꺾		자	

<주>	유		자	꽁	꽁	재	미	나	넘		자

<받>	아		장		장		장	볼		이	여

다음은 고사리꺾기 두 장단씩 교환창으로 부르는 예이다.

<주는소리>

<받는소리>

고 사 리 대 사 리 껑 자 나 무 대 사 리 껑 자   유 자 꽁 꽁 재 미 나 넘 - 자 아 장 장 장 벌 이 여

청어엮기와 청어풀기는 두 장단으로 이루어진 짧은 곡으로 두 편으로 나누어 반복하여 부른다. 같은 가사와 가락의 곡을 메기면 그대로 받아 부른다. 이것을 한 장단씩 나누어 불러도 된다.

<메기는소리>

청 청 청 애 영 짜 위 도 군 산 청 애 영 짜

<받는소리>

청 청 - 청 애 영 - 짜 위 도 군 산 청 애 영 - 짜

<메기는소리>   <받는소리>

청 청 청 애 영 자 위 도 군 산 청 애 영 자

<메기는소리>   <받는소리>

청 청 - 청 애 영 - 자 위 도 군 산 청 애 영 - 자

다음은 긴강강술래를 겹쳐 부르기는 예이다. 겹쳐 부르기는 메기는소리나 받는 소리가 끝나지 않은 상태에서 다음 소리를 부르면서 두 소리가 겹치는 현상이다. 겹쳐 부르기를 할 경우 소리가 겹치며 풍성해지고 긴장감을 불러일으킨다. 긴강 강술래는 한 음절을 길게 늘여 소리내기에 지루한 감이 있을 수 있다. 받는소리 가 채 끝나기 전에 메기는 소리를 시작하여 받는소리와 메기는 소리가 겹치도록 하면 소리가 풍성해지면 유장한 멋이 더해져 부르는 재미를 줄 수 있다. 다음 겹 쳐 부르기 악보는 긴강강술래의 받는소리 6박 째에 메기는소리를 시작하여 소리 가 겹치도록 정간보로 나타낸 것이다.

〈메〉	강			가	하	앙		수		우	울	래	

〈받〉												래	

〈메〉											동	해	

	해			도	호	오호		옹	창			달	

	떠		어	오	호		오	혼		다			

〈받〉	강												

	가	하		앙			수		우		울	래	

4) 놀이를 바꾸어 보아요

(1) 놀이방법 바꾸기

〈남생아 놀아라〉

남생아 놀아라는 가사를 바꾸어 놀이 방법을 바꿀 수 있다. 다음은 놀이 참여 자 중 한 사람을 지목하여 놀게 하는 방법으로 선창자가 메기는소리를 "○○아/

야 놀아라"로 부르면 그 사람은 원 안으로 들어가 놀다 나가는 방법이다. 이는 놀이 참여자끼리 이름을 알고 있을 때 가능한 방법으로 학년 초 친교활동으로 활용할 수 있다.

<메>

남		생	아	놀	아		라
단		아	야	놀	아		라
병	돌	이	도	놀	아		라

<받>

촐		래	촐	래	가	잘	논		다	

다음은 남생이를 다른 동물로 바꾸어 노는 방법을 바꾸는 예이다. 선창자가 동물을 이름을 바꾸어 "ㅇㅇ처럼 놀아라 △△ 잘논다."로 부르면 놀이 참여자는 동물의 움직임을 흉내 내는 말로 받는소리를 부르며 어울리는 동작을 하며 노는 방법다. 동물을 좋아하는 저학년 어린이들이들이 좋아하는 놀이방법이다.

```
토 끼 처 럼 놀 아 - 라    깡 총 깡 총 잘 논 다
오 리 처 럼 놀 아 - 라    뒤 뚱 뒤 뚱 잘 논 다
개구 리 처 럼 놀 아 - 라    폴 짝 폴 짝 잘 논 다
```

다음은 "남생아 놀아라 촐래촐래가 잘논다"의 앞부분을 "어찌어찌 놀아라" 바꾸어 놀이 방법을 바꾸게 한 것이다. 부를 수 있다. 선창자가 "손뼉 치며 놀아라" 라고 부르면 받는사람이 "촐래촐래 잘논다"를 부르며 지시한 대로 손뼉을 치며 논다.

남 생 아 놀 아 - 라　　　　출 래 출 래 가 잘 논 다
손 뼉 치 며 놀 아 - 라
빙 빙 돌 며 놀 아 - 라

〈대문열기〉

대문열기는 두 사람이 대문을 만들고 나머지 사람들이 줄을 이루어 대문을 통과하는 놀이이다. 놀이 방법을 바꾸어 대문을 통과하며 두 사람씩 계속 대문을 이어 만들 수 있다. 다 통과하면 대문을 먼저 만들었던 사람이 차례로 잡았던 손을 놓고 다시 대문을 통과하여도 된다. 이렇게 하면 두 줄이 만들어지는데 두 줄로 할 수 있는 놀이를 이어 진행할 수 있다.

〈고사리꺾기〉

고사리 꺾는 모양을 흉내 낸 고사리꺾기는 앉아서 진행한다. 놀이 방법을 바꾸어 서서 진행하여도 된다. 60년대 영상 속의 고사리꺾기는 오늘날 하는 모습과 매우 다르다. 바늘귀끼기처럼 서서 하는데 멈추지 않고 계속 돌면서 하므로 상당히 역동적이다.

〈덕석몰기〉와 〈덕석풀기〉

덕석몰기는 원무로 돌다 선두가 앞사람의 손을 놓고 돌던 방향 그대로 원 안으로 빙글빙글 나선의 형태를 그리며 돌아 들어간다. 덕석을 말 때 선두가 앞 사람 손을 놓고 다른 곳으로 이동하여 감는 방법으로 바꾸어 할 수 있다. 이는 공간이 넓을 때 가능한 방법인데 자유롭고 동적으로 표현하고 싶을 때 변화를 줄 수 있는 방법이다.

덕석풀기는 덕석이 다 말리면 되돌아 나오며 푸는데 월월이청청의 실꾸리풀기처럼 선두가 원하는 방향으로 곧게 나오는 방법이다. 이때 지나가는 길에 있는 사람은 옆 사람과 잡은 손을 놓거나 들어 올려 지나갈 수 있게 해주어야 한다. 많이 뛰어 지쳐있을 때 쉽게 풀 수 있는 방법이다.

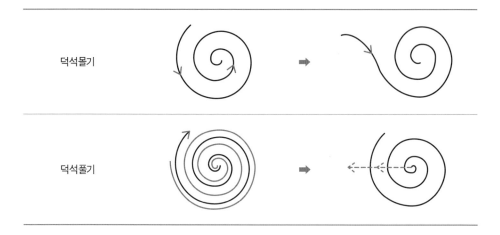

(2) 경쟁놀이 하기

승부를 겨루는 경쟁놀이는 놀이의 재미를 높일 수 있다. 우수영 강강술래의 놀이 중 꼬리따기, 가마타기, 지와볿기는 편을 나누어 겨루는 놀이로 할만하다. 자연스럽게 편으로 나누는 방법은 대문열기 놀이를 이용하거나 고사리꺾기를 두 부분으로 나누어 진행하면 된다. 다음은 두 편으로 나누어 할 수 있는 경쟁놀이이다.

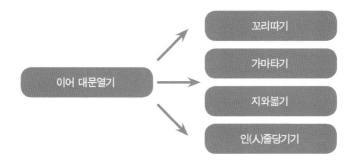

꼬리따기는 한 줄을 만들어 선두가 뒤의 꼬리를 따는 놀이인데 편을 나누어 상대편 꼬리를 따는 경쟁놀이로 진행할 수 있다. 두 사람이 대문을 만들고 그사이를 나머지 사람들이 통과하는 놀이인데 대문을 통과하며 두 명씩 짝을 이루어 계속 대문을 이어서 만드는 것이다. 그러면 자연스럽게 두 줄이 만들어져 같은 줄끼리 같은 편이 되어 편싸움 놀이를 진행한다.

가마타기는 이어 가마타기와 깃발 뽑기 놀이로 바꾸어 할 수 있다. 이어 가마타기는 가마 만들어 이어달리기 하듯 반환 점 돌아오기 놀이이다. 깃발 뽑기는 일정한 거리에 깃발을 한 개 꽂아두고 팀별로 가마 한 개씩 출발시켜 먼저 깃발 차지하기로 차지한 깃발 개수를 더해 승패를 정하는 방법이다. 두 편으로 나누어 경쟁하는 방식으로 다양하게 바꾸어 진행한다.

지와밟기는 한 사람이 지와를 밟고 끝내지 않고 다 밟은 사람이 앞에 기와를 계속 만드는데 경쟁놀이로 정해 놓은 목표 지점까지 기와를 만드는 방법이다.

인줄당기기는 두 편이 마주보고 서서 선두가 서로 팔을 걸어 잡은 후 줄을 당기듯 서로 당기는 놀이이다. 줄이 끊어지거나 당겨 끌려오는 편이 지는 방식이다.

5) 놀이 구성을 바꾸어 보아요.

공연 형태로 이루어지는 보존회의 놀이 구성 순서는 어느 정도 고정되어 있다. 하지만 해남 우수영 강강술래의 놀이 구성 순서는 어떻게 해도 자연스럽다.

강강술래 통합 놀이를 구성할 때의 기본은 처음과 마지막에 원무인 강강술래로 한다는 정도이다. 놀이는 연행 상황에 맞게 선택하고 구성 순서를 자유롭게 하면 된다.

전체 강강술래는 전반부, 중반부, 후반부 세 부분으로 이루어진다. 전반부와 후반부의 강강술래는 느리게 시작하여 빠르게 진행한 것이 일반적 순서이다. 하지만 빠르기는 상대적인 개념으로 놀이 상황에 맞게 적절한 빠르기로 진행하면 된다. 중반부의 놀이는 놀이 참여자의 특성을 반영하여 선택하고 순서를 정한 후 놀이를 하며 자연스러운 순서로 바꾸어 준다. 놀이와 놀이의 연결은 앞부분 현장에서 배우는 강강술래에서 다룬 방법 중에서 자진강강술래로 연결하는 방법을 활용하면 자연스럽게 진행할 수 있다. 놀이 참여자들이 강강술래를 몰라 노래와 놀이를 연결 짓지 못할 때는 놀이를 시작하기 전에 "○○하세~" 구호를 외쳐주는 것도 자연스럽게 놀이를 진행하는 방법이다. 다음은 강강술래의 구성 틀이다.

〈표 13〉 강강술래 구성 틀

전반부		중반부		후반부
원무	➡	놀이 (○○ 하세!~)	➡	원무
강강술래 (느리게→ 빠르게)	⬌	남생아 놀아라 덕석몰기 · 덕석풀기 대문열기 고사리꺾기 꼬리따기 청어엮기 · 청어풀기 지와밟기 가마타기	⬌	강강술래 (빠르게→ 느리게) 술래

〈놀이 순서 바꾸기 활동지〉

활동 주제 : 순서 바꾸어 놀이하기

1. 다음 놀이 중, 알고 있는 놀이, 할 수 있는 놀이에 ○ 표시를 해 봅시다.

> 자진강강술래(강강술래)　술래　남생아 놀아라　대문열기
> 덕석몰기와 덕석풀기　고사리꺾기　청어엮기와 청어풀기
> 꼬리따기　가마타기　지와볿기

2. 노래를 불러 보고, 놀이 방법을 알아본 후, 할 놀이를 정해 봅시다.

3. 시작과 마무리 부분을 어떻게 할지 의논해 봅시다.

4. 자연스러운 놀이 순서를 생각하며 놀이를 해 봅시다.

5. 노래 부르며 놀이를 해보고 놀이 순서를 정해 봅시다.

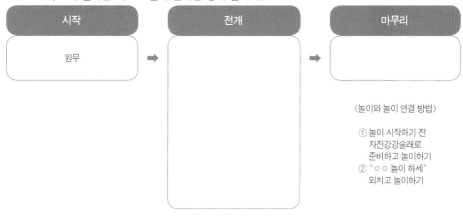

6. 놀이와 놀이 사이 자진강강술래로 연결할 부분을 표시합시다.

4장

강강술래의
기능과 의미

강강술래의 기능과 의미

1. 풍요기원의 제의적 기능과 의미

강강술래에 제의적 기능이 있다는 점은 이미 여러 학자들에 의해 논의된 바 있다.[76] 보름날 밤에 놀게 되는 강강술래에 달을 찬미하고 풍요를 기원하는 의미가 담겨 있다고 하는 것이다. 현재는 강강술래에 이러한 제의적 의미가 강하게 작용하지는 않지만, 강강술래의 기원이나 출발은 제의적인 데에서 비롯되었을 것으로 본다. 그리고 그러한 흔적을 전승되고 있는 강강술래에서 발견하게 되는 것이다.

강강술래의 제의성은 강강술래의 전승에 가장 큰 원동력이 되었을 것이다. "진강강부터 불러야 한다."라는 관념이나 보름날 밤이면 제약 없이 놀 수 있었다는

---

[76] 임재해, 「강강술래와 놋다리밟기의 지역적 전승양상과 문화적 상황」, 『민속연구』 제2집, 안동대학교 민속학연구소, 1992.
나경수, 「줄다리기와 강강술래의 주술종교적의미」, 『전남의 민속연구』, 민속원, 1994.
서해숙, 「강강술래연구」, 전남대학교 석사학위논문, 1995.
김혜정, 「강강술래의 음악적 특성과 역동성의 원리」, 『소암권오성박사 화갑기념 음악학논총』, 소암권오성박사 화갑기념 논문집간행위원회, 2000.

상황 등은 강강술래가 의례적 행위였음을 보여준다. 그러한 의례적 행위에는 제의적 믿음이 크게 작용했다고 본다. 따라서 그저 부르는 노래나 연행물들보다 더 활발히 전승될 수 있었다고 생각된다.

예를 들어 사당패의 판놀음에서 첫머리를 장식하는 판염불은 제의성이 강한 악곡이다. 그리고 그 이후에 불려지는 놀량, 사거리 등 고정적인 몇몇 악곡을 부르고 나면 방아타령, 매화타령 등의 가변적인 놀이노래들이 불린다. 또 마을 풍물패의 마당밟이는 당산에서 당산신에게 고하는 당산굿으로 시작하여 마을을 도는 집돌이를 하게 되며, 집안에서의 마당밟이도 먼저 마당을 정화시키는 길굿을 친 후에 집안신에게 고하고 마당에서 한바탕 놀게 된다.[77] 그리고 악학궤범의 동동도 '덕으란 곰비에 받접고 복으란 림비에 받접고'의 내용은 공간정화의 의미를 지니며, 뒤의 12월상사 달거리는 놀이적 요소에 해당한다고 보기도 한다.

이와 같이 우리의 전통적인 공연물 가운데에는 이중적인 요소를 갖추고 있는 경우가 많다. 이러한 이중성에 대해 앞 부분의 제의적 절차를 '오신娛神'으로, 뒷 부분의 난장을 '오인娛人'으로 해석하기도 한다.[78] 즉 제의성을 지닌 공연물에서 첫머리의 악곡이 가지는 제장정화와 오신의 의미를 강강술래에서는 진강강이 지니고 있다고 보여진다. 이러한 진강강의 기능은 사설을 통해서도 잘 드러난다. 대부분의 진강강은 '달'을 노래하는 것으로 시작한다. 예를 들면 다음과 같다.

달아달아 밝은달아 / 강강술래

이태백이 놀던달아 / 강강술래

저기저기 저달 끝에 / 강강술래

계수나무 박혔으니 / 강강술래

은도끼로 찍어내어 / 강강술래 〈중략〉

---

77 김혜정, 「전남지방 길굿에 대한 연구」, 『한국음악연구』 27집, 한국국악학회, 1999.
78 나경수, 앞의 글, 98-99쪽 참조.

달떠온다 달떠온다 / 강강술래

동해동천 달떠온다 / 강강술래

저달이 누달인가 / 강강술래

방호방네 달이라네 / 강강술래

방호방은 어디가고 / 강강술래

저달뜬지 모르는가 / 강강술래〈중략〉

강강술래, 특히 진강강에 자주 사용되는 전형적인 사설들이다. 항상 강강술래는 이와 같이 달을 노래하는 것으로 시작한다. 휘영청 밝은 보름달 아래에서 달을 바라보며, 아주 느린 곡조로 달을 노래하는 모습은 차분히 제장을 정화하고, 달을 찬양하는 오신적 의미가 강한 것이다. 그리고 그러한 의미의 진강강이기에 놀이기능만이 강화된 현재에도 생략하지 않고 연행해야 한다고 믿는 것이다.

또한 진강강의 음악적 특징은 그저 뛰어 노는 강강술래의 모습과는 동떨어진 것처럼 보인다. 그러나 어쩌면 이와같이 차분한 분위기와 절차가 있음으로 인해 뒤에 이어지는 자진강강의 놀이판이 더 흥겨울 수 있다고 생각된다. 마치 금기가 있음으로 인해 뒷풀이 난장이 더 격렬해 질 수 있듯이 말이다.

2. 임진왜란과 강강술래, 단결의 기능과 의미

널리 알려진 강강술래의 임진왜란설[79]은 해남에 남아 있는 이야기이다. 이 전설에서 이야기되는 지역은 주로 우수영 쪽이다. 임진왜란 때 여자들이 옷을 바꿔가면서 강강술래를 돌아 군사가 많은 것으로 오해하게끔 하였다는 것인데, 이러

---

79 최상수, 『한국민속놀이의 연구』, 성문각, 1985, 216쪽.

한 전설을 〈역의암〉 유형의 전설이라 할 수 있다. 이와 같이 전설과 놀이를 연결하여 의미를 부여하는 것에는 일정한 역사적·심리적 원인이 있다고 한다.[80]

강강술래를 처음 만나게 되는 초등학교 교과서에도 이와 같은 임란 설화는 애용되는 소재이다. 교과서의 장면을 소개하면 다음과 같다.

〈표 14〉 초등학교 교과서에 소개된 강강술래 설화

출판사 / 학년	설화 관련 활동
김용희 외, 『음악4』, 금성, 2018. / 4학년	
장기범 외, 『음악 4』, 미래엔, 2018. / 4학년	

---

80   서해숙, 「강강술래의 생성배경과 기능」, 『남도민속연구』 3집, 남도민속학회, 1995, 46쪽.

허정미 외, 『음악4』,
지학사, 2018. / 4학년

한편 〈역의암〉 유형의 전설은 진도와 해남뿐 아니라 전라좌수영 지역인 순천, 여수 등지에서도 찾아볼 수 있다.[81] 그런데 좌수영지역에서는 전설만이 존재할 뿐 강강술래와는 연관되지 않는다. 즉 옷을 바꿔 입고 돌았다고 할 뿐 강강술래를 놀았다는 이야기는 전혀 보이지 않는다. 이는 강강술래가 활발히 전승되는 지역에서 강강술래가 전설과 연결되어 각색된 것이라는 생각을 갖게 해준다. 그리고 또 한편으로는 이러한 전설이 있어 강강술래가 더욱 잘 전승될 수 있었을 것으로 여겨진다.

전설이 강강술래에 또 다른 의미를 부여해 주었다는 점은 주목할 만하다. 즉 강강술래는 이 전설과의 결합을 통해 왜구를 물리치는데 큰 몫을 담당했던, 자랑스러운 문화로 다시금 자리매김한 것이다. 제의성이 약해지는 대신, 그리고 유교적 논리로 짝짓기의 기능마저 줄어든 대신, 강강술래는 애국적 기능을 한 훌륭한 노래로 탈바꿈한 것이다.

이러한 전설과의 연계, 그리고 그러한 의미의 부여는 강강술래의 전승에도 큰 영향을 끼쳤다. 일제와 마찰이 심했던 조선시대에 강강술래가 강한 전승력을 지속시킬 수 있었던 것은 당연한 일인 것이다. 그리고 영암군 시종면의 경우, 조선

---

81 이경엽, 「전라좌수영지역 임란전설의 전승양상과 의미」, 『전라좌수영의 역사와 문화』, 순천대 박물관, 1993, 102쪽.

이후 일제시대에도 임진왜란 때 왜구를 물리쳤던 강강술래의 의미를 다시 한 번 강조하여 일제에 저항하는 의미로 강강술래를 더욱 열심히 놀았다고 한다.[82] 새로운 의미의 부여, 의미의 재해석을 통해 강강술래는 새로운 기능과 의미를 획득한 것이다.

3. 학교교육과 놀이노래로서의 기능과 의미

원래 강강술래가 제의성이 있는 세시의례놀이이자, 풍요를 기원하는 남녀놀이였으며, 또한 해남과 진도 등지에서 임진왜란과 연결되어 다시 한번 강강술래에 깊은 의미를 두었던 것에 비해 강강술래 전승의 주변부에서는 강강술래의 의미가 크게 약해진다. 전승양상에서도 살펴보았듯이 주변부 지역에서 강강술래의 의례적 강제성은 거의 없다. 오히려 강강술래는 그저 놀이노래로 여겨지고 있다.

우선 강강술래의 여러 악곡들 가운데 진강강이 없다는 점은 강강술래의 제의성이라는 의미가 이미 상실되었다는 것을 보여준다.[83] 그리고 부수놀이요들이 강강술래와 연계되지 않고 독립되어 '뛰노는 노래'[84]로 여겨지는 것 역시 강강술래 의미의 약화를 점을 증명한다. 제의성, 남녀의 짝짓기라는 의미가 모두 사라진 지역에서 남아 있는 강강술래의 이미지는 놀이노래라는 점뿐인 것이다.

결국 강강술래의 놀이노래적 기능은 가장 최소한의 모습이라 할 수 있다. 혹은 강강술래가 가졌던 수많은 의미와 기능을 모두 상실한 끝에 볼 수 있는 마지막 모습인지도 모른다. 그러나 뒤집어 보면 놀이노래의 기능이 21세기에 받아들여

---

82   영암군 시종면 옥야2구 중촌마을 현지조사. 1999년 7월 5일.
83   김혜정, 앞의 글, 2000. 174~175쪽.
84   장성군의 놀이요는 뛰노는 노래로 불리고 있다. 장성군 CD 14-13, 14-14, 『한국민요대전』—전라남도편—, MBC, 1993.

질 수 있는 가장 적절한 모습일 수도 있다. 달을 숭상하거나 농사와 관련되어 생산력을 빌어야 하는 믿음이 사라진 시기에 강강술래의 제의적 기능이나 의미는 살아남을 수 없다. 그리고 일본과 끊임없는 충돌이 있던 시대도 지났다. 그러므로 놀이노래로서의 기능은 이 시대에 새롭게 부각될 수 있는 측면이라고 할 수 있다.

〈그림 2〉 동아출판사 4학년 교과서의 강강술래 놀이

그래서인지 많은 강강술래 악곡들이 현재 초등학교 교과서에 등장하고 있다. 청어엮기, 덕석말기, 남생아 놀아라, 기와밟기 등의 부수놀이요들이 학교교육용으로 만들어져서 아이들에게 가르쳐지고 있다.[85] 어쩌면 21세기 강강술래가 살아남

85 권태욱 외, 『음악3·4』, 음악과 생활, 2018; 김애경 외, 『음악3·4』, 천재교육, 2018; 김애경 외,

을 수 있는, 또는 부여될 수 있는 가장 최선의 기능과 의미는 바로 여기에서 찾아질 수 있지는 않을까 생각된다. 그러나 그것이 주변부지역에서 보이는 기능과 동일한 것을 지칭하지는 않는다. 앞으로 기대되는 것은 살아 있는 놀이노래로서의 강강술래의 새로운 역할이다.

4. 유네스코 무형문화유산과 문화재로서의 기능과 의미

현재 강강술래는 세시놀이로서 연행되지는 않는다. 세시놀이로서의 기능을 하던 강강술래는 기억되고 있을 뿐 놀아지고 있지는 않은 것이다. 대신 강강술래는 하나의 공연물로 여겨지는 경향이 있으며, 그 공연물은 아주 정형화되고 구조화되어 있다. 놀아지지 않는 강강술래는 언젠가는 잊혀지게 될 것이었다. 그러나 잊혀지지 않고 공연물이라는 새로운 모습으로 바뀌어 있는 것이다.

『음악5·6』, 천재교육, 2018; 김용희 외, 『음악3·4』, 서울, 2018; 김용희 외, 『음악5·6』, 금성, 2018; 석문주 외, 『음악3·4』, 동아출판, 2018; 석문주 외, 『음악5·6』, 동아출판, 2018; 양종모 외, 『음악3·4』, 천재교과서, 2018; 양종모 외, 『음악5·6』, 천재교과서, 2018; 장기범 외, 『음악3·4』, 미래엔, 2018; 장기범 외, 『음악5·6』, 미래엔, 2018; 조순이 외, 『음악3·4』, 비상교육, 2018; 조순이 외, 『음악5·6』, 비상교육, 2018; 허정미 외, 『음악3·4』, 지학사, 2018; 허정미 외, 『음악5·6』, 지학사, 2018; 홍종건 외, 『음악3·4』, 와이비엠, 2018; 홍종건 외, 『음악5·6』, 와이비엠, 2018.

이처럼 강강술래가 재생할 수 있었던 것은 문화재 지정의 효과 때문이라고 할 수 있다. 강강술래는 국가지정 무형문화재 8호로 지정[86]되어 있으며 2009년에는 유네스코 인류무형문화유산으로도 선정되었다. 지정된 지역은 진도와 해남 우수영지역이며, 앞 장에서 살펴본 것처럼 두 지역의 강강술래는 다른 지역보다 많은 악곡 수와 전승력을 보여주고 있다. 아마도 문화재 지정 이전에는 인근 지역인 신안·영암 등지의 강강술래와 비슷한 양상으로 전승되고 있었을 것이지만, 지정 이후에 계속해서 연행되어야 하는 의무적 상황으로 인해 다른 어떤 지역보다 더 확고한 전승력을 확보하게 되었을 것으로 판단된다.

이제 해남과 진도에서 강강술래에 대한 의미는 제의성이나 남녀의 놀이, 또는 임진왜란 기원설을 가진 세시놀이 강강술래가 아니다. 오히려 강강술래에 대한 이미지는 문화재로 지정된 종목이라는 면이 가장 크고 강하다. 문화재의 지정과 의무적인 공연으로 인해 세시놀이가 아닌 특정한 틀을 가진 공연물로 지역행사와 공연장소에 어김없이 등장하게 된 것이다.

물론 문화재 지정은 악곡의 고착화, 비 지정 마을의 소외 등 부작용이 있기는 하였지만,[87] 강강술래에 새로운 의미로서 충분히 역할을 하였으며, 특별히 전승력을 높이는 결과를 낳았다. 그리고 이러한 모습은 어쩌면 현재 우리 문화의 한 단면이라고 생각된다. 19세기 생활문화가 다수의 사람들에게 필요한 것이었다면, 21세기에 주목받는 것은 예술문화, 즉 대중을 위한 공연문화로 그 흐름이 바뀐 것이다. 그런 의미에서 강강술래의 문화재 지정은 21세기에 부여된 강강술래의 새로운 기능이며 의미라 볼 수 있다.

---

[86] 강강술래는 중요무형문화재 제8호로 1965년 2월 15일에 지정되었다. 제16회 전국민속예술경연대회에서 국무총리상을 받은데 이어 17회 때에 대통령상을 수상한 후 문화재로 지정되었다.

[87] 김혜정, 「진도민속음악의 역사와 계승·발전방향」, 『남도민속연구』 제6집, 남도민속학회, 2000, 40~41쪽.

교육부, 2015 개정 교육과정 총론 해설 - 초등학교, 2015.

교육부, 초등학교 교육과정, 교육부 고시 제2018-162호 [별책 2], 2018.

김삼진, 「강강술래의 음악적 구성과 제의적 성격」, 『한국민요학』 9집, 한국민요학회, 2001.

김정업, 「강강술래 민속유희의 기원고」, 『어문학논총』 7집, 1966.

김혜정, 「강강술래의 음악적 특징과 역동성의 원리」, 권오성교수님 회갑기념논총, 2000.

_____, 「강강술래의 지역별 분포와 의미」, 『한국민요학』 9집, 한국민요학회, 2001.

_____, 『여성민요의 존재양상과 전승원리』, 2005.

_____, 「강강술래 부수놀이요의 음악적 특성과 생성원리」, 『한국민요학』 18집, 한국민요학회, 2006.

_____, 『새로쓴 국악교육의 이론과 실습』, 민속원, 2013.

_____, 『민요의 채보와 해석』, 민속원, 2013.

_____, 『우리 몸에 새겨진 삶의 노래 강강술래』, 민속원, 2013.

_____, 「문화재 강강술래의 형성과정과 전승방안」, 『한국민요학』 49집, 한국민요학회, 2017.

_____, 『국악교육의 지향과 민요의 교육적 활용』, 민속원, 2015.

나경수, 「줄다리기와 강강술래의 주술종교적의미」, 『전남의 민속연구』, 민속원, 1994.

서해숙, 「강강술래의 생성배경과 기능」, 『남도민속연구』 제3집, 남도민속학회, 1995.

_____, 「강강술래의 문학적 형상화」, 『남도민속연구』 제5집, 남도민속학회, 1999.

선영란, 「강강술래 민속고」, 『해남지방의 세시풍속』, 해남문화원, 1987.

이경엽, 「무형문화재와 민속 전승의 현실」, 『韓國民俗學』 第40輯, 2004.

_____, 단절 위기 공동체놀이의 전승현황과 계승 방향―강강술래를 중심으로, 『韓國民俗學』 49, 한국민속학회, 2009.

이옥희, 「신문기사를 통해 본 강강술래 전승의 통시적 고찰- 일제강점기부터 현재까지 『조선일보』 기사를 중심으로」, 『남도민속연구』 제21집, 2010.

이윤선, 「강강술래의 역사와 놀이 구성에 관한 고찰」, 『韓國民俗學』 第40輯, 2004.

이진영,「진도 강강술래의 노래 연구―양홍도와 김종심의 노래비교를 중심으로」,『한국전통음악학』13·14, 한국전
　　　통음악학회, 2013.

임재해,「강강술래와 놋다리밟기의 지역적 전승양상과 문화적 상황」,『민속연구』제2집, 안동대학교 민속학연구
　　　소, 1992.

조경숙,「도시형 마을축제 '칠보산마을 한가위 강강술래'의 현황과 과제」,『민속학연구』39, 국립민속박물관, 2016.

정익섭,「전남지방의 강강술래고」,『한국시가문학논고』, 전남대출판부, 1989.

지춘상,『전남의 민요』, 전라남도, 1988.

최덕원,「강강술래고」,『남도민속고』, 삼성출판사, 1990.

『남원지역 사람들의 삶과 노래』, 국립민속국악원, 2001.

『임석재채록 한국구연민요』-전남, 제주민요, 서울음반, 1995.

『임석재채록 한국구연민요자료집』, 한국정신문화연구원, 2003.

『한국민요대전』―전라남도편―, MBC, 1993.

『한국민요대전』―전라북도편―, MBC, 1995.

『한국민요대전』―경상남도편―. MBC, 1994.

『한국의 민속음악』―전라남도편, 한국정신문화연구원, 1993.

〈전라도민요〉, 국립문화재연구소, 2006.

〈해남강강술래〉, 뿌리깊은나무, 1991.

『해남우수영강강술래』, 우수영강강술래보존회, 2012.

권태욱 외,『음악3·4』, 음악과 생활, 2018.

김애경 외,『음악3·4』, 천재교육, 2018.

김애경 외,『음악5·6』, 천재교육, 2018.

김용희 외,『음악3·4』, 금성, 2018.

김용희 외,『음악5·6』, 금성, 2018.

석문주 외,『음악3·4』, 동아출판, 2018.

석문주 외,『음악5·6』, 동아출판, 2018.

양종모 외,『음악3·4』, 천재교과서, 2018.

양종모 외,『음악5·6』, 천재교과서, 2018.

장기범 외,『음악3·4』, 미래엔, 2018.

장기범 외,『음악5·6』, 미래엔, 2018.

조순이 외,『음악3·4』, 비상교육, 2018.

조순이 외,『음악5·6』, 비상교육, 2018.

허정미 외,『음악3·4』, 지학사, 2018.

허정미 외,『음악5·6』, 지학사, 2018.

홍종건 외,『음악3·4』, 와이비엠, 2018.

홍종건 외,『음악5·6』, 와이비엠, 2018.